U0110079

山佐的
帶班手記

Sandra

身為一個老師，我將橡實種在學生的心裡，期許自己做一個「凡走過必留下痕跡」的心靈導師。

王淑敏　著

序

　　我是淑敏的國中老師，當時他讀的是資優班。因為國三才接該班導師，人家說後母難為，一方面要帶領他們參加聯考，一方面又想贏得他們的心，難度真的頗高。該班雖然只有三十多人，但各個都有自己的想法，又因男女同班，兩性問題、女同學間的小團體、甚至有同學具憂鬱傾向等等，真是傷透腦筋。除了曾將男女生分開來精神講話、家庭訪問外，也曾寫信給淑敏，如同淑敏自己所言「並不是很乖的孩子」，對事情有自己的看法，在班上又有影響力，有點彆扭，看起來並不是很快樂。只記得他是老么，父母親年紀都滿大的，靠已經成家的大哥工作賺錢養家，可能是心疼他身上的擔子吧！為了準備大學聯考，高三時住在外面，我以為只是為了要節省交通時間，好好讀書，並不知道真正原因是家庭經濟發生困難。

　　淑敏在東南國中教書時，曾來找過我，忿忿不平地說起學校將他的好班拿掉，要他去接普通班（以前叫放牛班）的導師，氣得想辭職，一心想實現他的理想──旅遊與寫作。我告訴他，我每次換學校，總是接令人頭痛的班級。別人帶不好而你有辦法帶好，就是最大的成就。如果你真的愛學生，他們會感受到的。我勸他不要輕言放棄，年輕人總是要證明自己的能耐。教育是有教無類、因材施教，每個人所需要的都不同。成績不是一切，品格教育更重要，只要有學習的心，隨時開始都不嫌遲，後來聽說靠著他的吉他自彈自唱，贏得了學生的心，在教育工作上站穩了腳步。

看了淑敏的書，可以感覺現在的他比起國中時的他快樂多了，雖然不能以旅遊與寫作為職業，但利用寒暑假與先生一同出國，將教學心得、帶班經驗與同仁、朋友之通訊等集結成冊，也算是沒有放棄寫作，一直朝著理想前進，真替他高興。

教育是良心事業，看得出淑敏非常用心地經營。淑敏是熱情的，有了信仰之後，更是常懷感恩，現在他將自己一路跌跌撞撞走來的經驗分享給大家。他不大談理論而是提供方法，很適合高中的學生閱讀：試著做好時間管理，以便讓自己的高中三年生活多彩多姿，並增加知識、提升自己各方面的能力，及早做好升大學的準備。書中內容還有淑敏帶班的方法、老師的心酸、同仁之相處及心情點滴等等，也非常適合高中的導師們參考。

「教育無他，愛與榜樣而已。」看著淑敏寫給學生一封封的信，能感受他殷殷期盼的心，希望孩子們能了解老師的用心良苦。有些孩子的反應較快，也善於表達自己的感情。但大部分的學生是沉默的，是內斂的。雖然影響無法馬上感受到，但在潛移默化之中，成果可能不經意地會在某處呈現。當老師的不能氣餒，擦乾眼淚後，重新出發。一樣米養百樣人，要用什麼方法才能讓學生感動，需要老師們絞盡腦汁，用盡方法呀！書是死的，而人是活的！老師們若想將教育工作做得更好，都需要具備創造力。淑敏願意把他的心血提供給需要的人參考，是難能可貴的。自尊心很強的他，要借錢上大學，相信一定煎熬了許久。也許因為小時候的困頓，造就了今天的他！看到今天的他在工作崗位上發光發熱，我感到欣慰與驕傲，祝福他未來的路更順暢，也祝福所有從事教職的人！大家辛苦了！

淑敏的國中班導
沈瑪莉老師

自序

　　到本學年度結束，我教書就滿十八年了。走上教職，本只是個過渡的安排，到後來卻變得義無反顧。偶爾我會做做白日夢，在且戰且走的空檔，幻想自己成為歌手，臺下歌迷隨著我揮灑汗水並舞動雙手；或是幻想自己出了詩集，躋身詩人的行列；有時逕自在舞臺上說起相聲，說著說著，自己就演起來了……但白日夢醒，我仍得回到現實生活，拿起課本教下一個單字片語。為了更了解學生，我反覆檢視自己的國高中歲月，用同理心去了解中學生的種種感受。我必須常常回到自己過去的經驗，貼近學生的感受，思考如何把話說到學生心坎裡，因為人同此心，心同此理。在教導學生的過程中，我反覆過了好幾次國高中的青澀歲月，我更了解自己，更了解學生，也更了解人性。

　　五年前，我受派擔任學校第一屆語文資優班的導師，這個頭銜把我一路拉回二十多年前就讀北縣板橋江翠國中資優班的日子，重新檢視資優教育是怎麼一回事，回想我的資優老師如何以十八般武藝教導我們這一群資優學生。兩年過去，我雖然沒有找到答案，卻實驗了自己期待已久的教育方法，證明有另一個方法可以使教書充滿積極創造的意義。原本我只在課餘和同事們，尤其剛教書不久的老師，閒聊這些經驗。近年讀到不少老師的教學紀錄，像《第56號教室的奇蹟》和《自由寫手》，這兩位美國老師的教育熱忱深深激勵著我。從我誤打誤撞地投入教職，到百分百篤定教書就是最適合我的路，這十八年的摸索與體驗，也許可以提供給更多老師參考，也許因此讓老師們少走了些冤枉路。我

熱愛教書，深覺自己是受到祝福，才能從事這麼有意義的工作。我想將自己的教學心得分享給同事、朋友，如果可能的話，希望能夠激勵老師們，如同我被前人的書激勵一樣，讓教書成為師生雙贏的快樂經驗，這是這些文字集結起來的原因。

目次

山佐的帶班手記

第三篇　萬語千言──畢業期許與祝福

第四篇　清中記事──淑敏通訊

第 一 篇

葵花寶典──班級經營要點

第一章

什麼樣的導師？

　　當導師和專任老師，最大的差別在於帶班和基本鐘點的不同。以高中英文老師擔任導師為例：基本鐘點十二小時，必須帶班會、簽假卡、開班親會、兼顧學生成績、掌握出缺席、聯繫學生家長、改週記、看早自習、關心打掃情形、管理學生秩序、協調學生與科任老師之間的問題、經營班級……到了高三寒暑假，還得規劃各科復習考進度、陪學生到校自習、考試，這部分是沒有鐘點費的。如此，少專任四小時的課，不過多領兩千塊導師費。

　　當導師，以酬勞而言，划得來嗎？

　　當畢業季節來臨，辦公室、同層樓的教室裡傳來同學們和老師不捨的話別；當畢業典禮上，老師紅了眼、學生噙著淚，一群群同學簇擁著導師，用種種不同的方式，要讓老師留下最風光、最難忘的感謝……

　　我覺得我找到答案了。

　　然而，我們當導師的，照顧、呵護、解決事務、簽名蓋章，就是全部了嗎？

　　啟發型的導師，領著學生探索前進。
　　事務型的導師，跟在學生後頭收拾殘局。

　　帶過小朋友上館子的爸媽就知道，在上菜前或吃飽後，如果能替小朋友準備畫圖的紙筆或一些簡單小玩具的話，小朋友就會

靜靜地玩他的東西，不會吵大人談話；如果什麼都不曾替小朋友準備，讓他沒東西玩，他就會敲響碗筷、翻倒果汁、找爸媽抱，或四處跑來跑去，讓大人疲於奔命。

　　高中學生也是。雖說高中生已是半大不小的青少年，有自己的想法和喜好，但他們的心智還有很大的開發空間，他們精力無限，不能只要他們將其消耗在書本上，僅以大學聯考作為所有精力的出口。高中三年，是價值觀、人格成熟、EQ各項能力發展、學習的時期。導師若能抓對方向，帶著學生成長，就無須在處理不完的事務性問題裡疲於奔命。領著學生走，教會他思考，做一個引導型的老師；不要邊幫學生擦屁股，還嫌他長不大。

　　要朝什麼方向走呢？高中三年，各有不同的目標和待培養的能力。

第二章

基礎的高一

　　國中基測將同學們送上高中，成了新鮮人。這些學生大多有著相同的「受考試壓榨」的背景，剛踏入高中窄門，正期待享受解禁後的自由自在。面對一群期待很多，但自制力和判斷力還沒跟上執行力的小高一，導師若沒有抓到輔導原則，一定會被這群新鮮人層出不窮的問題搞到筋疲力竭。抓方向，當學生的舵手，高一導師責無旁貸。

　　我認為高一的輔導原則有以下四點：

　　一、熟悉環境。

　　二、建立正確的讀書方法和讀書風氣。

　　三、時間規劃。

　　四、培養執行力，滿足心中的慾望。

一、熟悉環境

　　高一上學期，對新生來說，最重要的課題莫過於熟悉新環境、新老師、新教材，學習各科的讀書方法。一旦奠定有效的學習方法、了解新環境的運作模式，就可以減少疑慮、錯誤嘗試與時間浪費。

　　試想我們初到一個新環境，會產生什麼樣的情緒變化？興奮、期待，有點害怕、帶點疑慮和諸多不確定，但又希望能過得充實、豐富，有別於青澀的過往。靠自己摸索，會白白耗費多少

15

時間和信心？由此設想，我們就能找出協助學生的方向。這也是引導高一新生的大方向。

新生到校時，他們會觀察新環境裡的新規矩。早自習做些什麼？請假手續找誰辦理？期中考、小考、抽考佔多重要的成績？社團活動如何進行？甚至助學貸款、獎學金申請……我不是說這全是導師的責任，但導師必須主動關心，詢問學生有沒有這方面的需求或者要如何解決。而且，千萬記得：不要替他們解決或跑腿，而是要告訴他們哪個處室有相關的資料，可以協助辦理；並且適時詢問辦理得順不順利，追蹤他們是否按部就班地解決問題，有沒有將問題擱置不管。不要事事代勞，覺得自己是在替學生節省時間。其實當他們省了時間，就少了處理事情的經驗。當他們知道程序和方法，就讓他們實地操作，熟悉模式、熟悉各處室，知道上了高中後，遇到問題得自己著手解決，而不是丟給老師，請老師代勞，如此，新生會更快融入新環境並建立正確的處事模式。

二、建立正確的讀書方法和讀書風氣

當新生熟悉了環境，生活才能有一定的規律，觸角也因此得以展開。接下來，要引導學生分辨國高中教材的難度及深淺，好讓他們知道該用多少時間應付學校的課業，而不是用國中一貫的心態和方法去讀高中教材。但鮮少有學生主動思考這些差異，進而調整每週的讀書時間、方法甚至態度，導致雖然和過去一樣用功，卻達不到已往的成績。當預期與現實重複出現落差，學生會漸漸麻痺，以為高中課業本來就如此，不知是自己用的方式不對。當問題癥結沒有解決，這一過，就是三年！

　　因此，我強烈建議導師們要積極帶著學生思考：高中各學科到底該怎麼讀？我建議多鼓勵同學們直接向科任老師請教、提問，一來有助於建立學生和科任老師的關係，二來學生才會養成有問題時就請教專業的習慣，而不是把所有的問題都倒在導師頭上，還抱怨：「我們導師也提不出什麼解決方法！」以我英文老師擔任導師為例，我怎麼解決得了學生一向數學不好的問題？所以要教學生課堂提問、課後請教，也引導班上形成討論風氣，這絕對大有助益。

　　另外，善用學長姐和新生來做經驗分享。同一句話出自老師和學長姐口中，引來的認同經常是不一樣的。如果小高一有良好的典範作為追隨指標，建立對自己該有的期許，這不失是個善用人力且十分奏效的好方法。

　　學業是高中的一大主軸，絕對要在高一時期好好奠定學習基礎，這一點絕對值得導師用心積極引導。

三、時間規劃

　　高一的另一項重要課題，就是學習時間規劃。這也將成為學生高中三年發光發熱的必要條件。我常在週一時問同學們週末做了什麼，得到最多的答案是：看電視、睡覺、打電動。學生期待放假，卻沒有好好利用假日，導致放完假，只有一事無成的無力感，連週一要交的作業、小考也都趕著在早自習時完成。最差的就是上英文課時「選修」國文（K國文小考），結果英文、國文沒一樣讀得好。

　　另一種活躍型的學生，總是有接不完的班級活動、社團活動甚至校際活動，導師就等著接家長的抱怨電話，對談內容不外

乎是希望借重老師的力量，規勸他們善盡學生的本分，甚至想借老師的職權以卸下學生幹部的職責，好讓他專心讀書。通常，導師有其立場，不一定會真正了解學生的處境，但會答應和學生溝通，提醒他們學業也要照顧好，甚至用成績作為談判條件。我常想：「這種方法，效果會維持多久？」

學生需要的是好好規劃時間。畢竟，社團活動不會一玩就是兩天，佔掉全部的週末假期。一定有零碎的時間，不需要也不可能用來忙社團。如此，事先劃分好讀書、活動、玩樂的時間，就比較不會無所事事，也有助於學生心甘情願地讀書。這才是根本解決之道。

通常我會教學生跟著我用下列的步驟規劃時間：

第一步，列出所有的作業、小考、報告、活動以及想做的事。

第二步，估計大概要花費的時間。

第三步，排入適合的時段。

第四步，有效執行。

以週休二日為例，若以早、午、晚來劃分時段，一共有七個時段，如下表：

	週五	週六	週日
早		2	5
午		3	6
晚	1	4	7

若以每個時段三小時來計算，共有二十一小時可以靈活運用。以我任教的自然組班級為例，週五放學前，我看到學藝股長洋洋灑灑地在黑板上列出十一項功課，令我這個任課老師都覺得這個週末毫無盼望，於是我們開始試用規劃時間的技巧。先做第一步，列出十一項功課如下：

週記	繳書錢	帶文化教材第三冊	考英文L4前半克漏字
數學習作	交家長回條	物理作業	考公民第二、三章
交國文心得	英文作文	化學抽考	

第二步，抓出大概要花費的時間。完成後如下：

週記30～60分鐘	書錢放入書包，不花時間	文化教材第三冊放入書包，不花時間	考英文L4前半克漏字30～60分鐘
數學習作60分鐘	家長回條放入書包，不花時間	物理作業60分鐘	考公民第二、三章90～120分鐘
交國文心得30～60分鐘	英文作文30～60分鐘	化學抽考依剩餘時間而定	

　　如此一來，速度快的同學需要五個小時加上讀化學抽考，速度慢的需要八個小時加上讀化學抽考。化學抽考應分段放入三個以上的時段，「少量多餐」地讀，不然很容易讀到洩氣，最後放棄。接下來做第三步，將十一項功課和想做的事，如社團活動、打籃球、看HBO，一一排入適合時段如下：

	週五	週六	週日
早		英文克漏字小考（8：00~9：00）化學抽考（9：30~11：00）週記（11：15~12：15）	化學抽考（8：00~9：30）物理作業（10：00~11：00）公民第二章（9：00~10：00）
午		數學習作（1：30~2：30）自由時段（3：30~6：00）	英文作文（1：30~2：30）打籃球（3：30~5：30）
晚	社團活動（6：00~9：00）	國文心得（7：30~8：30）看HBO（9：00~11：00）	化學抽考（7：30~8：30）公民第三章（9：00~10：00）將回條、書錢、文化教材放入書包

　　培養學生養成這樣規劃時間的習慣，有很多好處。第一，定心。知道明後天要出去玩，會沒時間念書，所以及早拿出書來讀，比較心甘情願。第二，增加效率。同一張考卷用考的和發回家寫，花的時間一定不一樣。知道自己只有五十分鐘可以寫一張考卷，比起完全沒有時間限制，前者效果會優於後者。通常，後者會變成冗長無趣的過程，徒增挫折感而已。所以，要讓學生先預估花了多少時間，念多少範圍的學科，給自己適當的時間壓力，協助他們養成有效率的讀書習慣。

　　時間規劃的最高境界就是：學生永遠清楚知道他們下一刻要做什麼。若出現了一段空白的時刻，他們馬上知道可以怎麼運用。

　　然而，人是健忘的，是需要不斷被提醒的，面對責任和義務更是這樣。所以，我建議導師不妨在放假前一天的課堂上，為學生加強心理建設，激發他過一個精彩週末的動力，引導他善加規劃玩樂、讀書、上圖書館、寫報告、看電影、逛書店、看展覽……的時間，有方向地課內及課外多涉獵。這樣一來，週末比較不會睡得晚、電視看太多、太晚上床睡覺，週一帶著一屁股的「考試債」來學校。

　　週五打完強心針，週一要大略驗收成果，彼此觀摩一下相互的成果，並且檢討缺失，看看下週如何運用會更好。如此，要一而再、再而三反覆地做，讓同學們週五就計劃好整個週末、週一就反省成效，直到養成習慣。老師應該在旁引導和鼓勵，協助這種風氣的形成。當這種分享會成為積極的例行公事，學生就差不多領略出箇中好處了。

　　至於週一至週五，要應付好每日課程的複習，我覺得這就很不容易了。及早養成規律的作息，絕對是高中生活的重點。學生幾點到家？幾點可以坐定，好好念書？念多久之後必須休息？一

天可以念幾個小時？一週裡哪一天小考最多？哪一天最閒？哪一天回家後最累？學生用記事本寫下他們的作業、考試甚至心情，會讓他積極地把事情排進作息，而不是被動地被考試推著走。

到了期中考前一到兩週，我會將所有科目的考試範圍以每章節為單位詳盡列出，提醒學生讀完該章節就將它劃掉，以清楚自己的準備狀況，不重覆讀太多次也不漏讀。將這個考試範圍一覽表配合時間規劃，學生就能周全地準備大範圍的考試，而不至於一再淪落到臨時抱佛腳的慘況。如果學生抓到了讀書方法，又抓到最佳的讀書時段，讀起書來必定事半功倍。在對的時間裡做正確的事，抓住每個科目的黃金時段，他們在課業上就成功了一半。他主控時間，而不被時間掌控！

這不也是一生受用的技巧嗎？

四、培養執行力，滿足心中的慾望

時間規劃裡還有很一個重要的課題：規劃時間去滿足自己的慾望。

我們常說：「大考大玩，小考小玩。」那是因為在準備考試的苦悶心情裡，我們心裡都會浮現一堆慾望：「假如我考完了，我就要……」但等考完試了，我們卻常是不知要幹什麼，最後聊天、打屁、閒晃，甚至回家倒頭睡到累！

考完了，卻什麼也沒玩到！

其實，月考是一個很能看出學生心思的機會。我通常在月考的前兩週就向學生預告進入月考準備期，要收心、積極準備小考，收集平常考的試卷和筆記。到了月考前一週，提醒學生小考次數將會倍增，當他們念書念得很「苦命」時、當他們想丟掉書

本去做他想做的事時，提醒他們把這些事記下來。其實每個人都有一堆雜七雜八的慾望，這些慾望在心裡不斷地唆使他從書本中逃開，讓他心神不寧。其實經過記錄就知道，想做的事其實就是那一些，因為慾望沒有被滿足，所以常常會搔動心靈，讓人不安於室。這些雜七雜八的慾望若不解決，下次月考時又會出來作祟。——記下這些慾望後，接著排入考完試的週末執行。一如我先前所說：知道接下來可以玩，K書也會K得比較心甘情願。

當我知道學生有時間可以規劃、安排玩樂時，我就會開始介紹好書、好電影、好活動，以提升他們的視野和休閒品質。院線片和新書介紹都是我拿手的，而活動就視節日而定。然而我一定會大力鼓吹，叫學生去科博館、美術館、中友誠品、敦煌書局等地方。有興趣的讀者可以參考第三篇的「長假計劃表」，當中更能清楚地窺見一二。

考完試、放完假，書也K了、玩也玩了，一顆心有兩種充實。所謂「大考大玩，小考小玩」，意義應在於此。學生學著在動與靜之間拿捏，其實絕大因素在於時間規劃，這也將是他一輩子受用的能力。

第三章

精華的高二

　　菜鳥的高一很快就會升上高二，嘲笑新生呆呆的蠢樣，忘了自己當初也是這樣子進來新學校的。高二承接了學長姐的棒子，成為班聯會、社團各項活動的主力。忙著活動，眼界、格局都開闊了，但仍無法確定自己未來的發展方向。高二因為經驗多了，也變得比高一有野心，想要的東西更多。如果學生高一時已經把時間規劃學得不錯，接下來的日子就不會亂成一團。

　　高二的學生最忙，也最會瞎忙。忙了一堆社團活動，結交一堆學長姐、學弟妹、男友、女友，然後忙得不知道是為了什麼，做了一堆白工。

　　想清楚每個活動的目的，並積極找出這些活動的附加價值，才能不迷失在忙碌的活動中。不少學生一直忙重複性的活動，當然，重複嘗試就像練習一樣，可以使自己在某方面日臻完美，但也減少了多方體驗及突破自我界限的機會。這些容我稍後再說明。

　　高二的輔導重點有哪些呢？

　　一、積極探索性向，思考未來。

　　二、磨練表達能力。

　　三、廣伸觸角，尋找舞臺，化被動學習為主動。

　　四、建立適當的自我期許。

一、積極探索性向，思考未來

　　高中是過渡到大學的轉型期。然而大學那麼多的學校和科系，有如茫茫大海，如何確立自己的目標，是高二要好好思考的問題。儘管高二已分成社會組和自然組，這樣的選擇區塊還是太大。假如高二這一年，學生能更貼近地看到學長姐如何準備模擬考，校內初選參加推甄申請或等待指考，他會有更多機會看前輩如何應戰。假如他看得夠仔細，他就會將其套用在自己身上，思考：「輪到我時，我會怎麼做？」只是活動太多、朋友太多，高二學生以一個「忙」字為藉口，未來的走向一點也不迫切，無需排在重要事件的名單上。他不會看到事實，因為現實就夠他忙了。我相信，高二導師如果問班上同學以後想讀什麼科系，請他們明確講出來，全班大概會有超過一半的同學還給不出一個明確的答案。高二這一年，要好好建立明確的大學科系目標，高三時才不會茫茫然，邊讀邊疑。心存迷惑，絕對不會正中目標。況且，高二也才有足夠的腦袋和充分的人際關係去廣蒐資訊，形成判斷。

　　形成選系的判斷依據，我有幾項方法：

1. 利用大學校系一覽表（如附件1），做初步篩選。
2. 課外閱讀。
3. 搜集學長姐的經驗。

　　高二上將大學校系一覽表發給學生時，他們臉上會有一種茫然的表情，挑不出自己要什麼。我會用以下方式來引導學生：

1. 消去法：刪掉絕對排斥的科目，縮小選擇範圍。這尤其是針對志向不明的學生，挑不出自己要什麼，就逆向操作，從自己不要的下手，才不會一籌莫展。

2. 星等評量：依自己的興趣、理解、直覺，將留存著的科系評分，不了解的打問號，不排斥的給一顆星，有點喜歡的二顆星，覺得自己很適合的打三顆星，很想念的四顆星，若念到了便死而無憾的五顆星。如此就可以抓出一個大方向。

3. 反覆審查：高二上結束和高二下結束時重複地做，以檢驗學生有沒有更明瞭自己的目標。社會組大體可以看出學生在文、法、商、管理或藝術方向選擇的比重，並要同學們試著說出理由，理由越明確，顯示這是個經過思考的選擇，這類的學生是比較不用擔心的。我們只需要提醒他們針對自己選擇的科系做好足夠的準備，例如參加相關比賽，累積優勢，或提高單科成績，甚至累積社團幹部的經驗等等。

多數的學生對未來規劃的藍圖都很模糊，這些學生需要刺激和引導，思考自己想念什麼科系。這時，課外閱讀就是呈現個人興趣重要的參考方向。學生不會拿他們覺得乏味的課外讀物來折磨自己。我的作法是，在高二上就發給同學們一張書單及讀書記錄表，書單上的書從管理、經濟、法律、政治、語文、新聞等種類都有，請他們每讀完一本書就在記錄表中登記，並選擇其中一本作為班會報告的主題，由此便可窺見同學們的喜好及涉獵之深淺，而要求他們報告，一來是訓練他們的表達能力和膽識，二來是由他們報告內容的深淺，我們能有更明確的判斷依據。

不過，這個做法有一個死角：碰到不愛讀課外書的同學就沒輒了！（其實我自己身為導師，涉獵許多領域的書籍，常個別對學生或對全班強力推薦，讓他們多一點認知，才能形成判斷。）要鼓吹他們讀這些書，全倚仗我舌燦蓮花的金口：我把《窮爸爸，富爸爸》講得彷彿讀完就會變大富翁一樣；把張忠謀自傳講得似乎每個學生都可能變成臺積電的執行長。雖然這與事實不

25

完全相符，但開卷有益，這比讀報紙的娛樂版和流行雜誌來得更好。有關課外書的推廣，在之後「磨練表達能力」的部分會更深入介紹。

我也建議同學們多和學長姐或親友閒聊，尤其是和一些已經畢業的學長姐。我要他們多去了解別人的大學生活，並進一步做設身處地的假想：如果我去念他的科系，我願不願意？我會喜歡他的工作嗎？人生面臨每一個關卡都只能選擇一次，選錯了，就得回到原點上再來一次，雖不能算是白走一遭，但時間確實是耗費了。因此，要多累積別人的經驗，磨練自己的思考判斷，才不致當抉擇的時間點來臨，自己卻還沒有能力判斷。他人的經驗談是種刺激，讓同學們能想得更深也更明確。

沒有讀課外書的同學們，就得從生活經驗著手。記住，閒聊、打屁是高中不可或缺的重要經驗。要聊，就多聊一點對自己未來發展有益的話題吧！我一向鼓勵他們彼此多討論日後的想望，這總比老是聊影藝圈的八卦消息來得好。

二、磨練表達能力

這也是我急於要學生在畢業前建立的能力之一，因為這將有助於他們一輩子的人際關係和職場表現。我用兩個方式全面強迫他們接受磨鍊。

第一，任職股長或小老師

在我接手新班級、選班級幹部時，我便明言規則：上學期所有擔任過幹部的同學們，下學期全部休息。上下學期全班每個同學都必須輪過至少一個職位。碰到人數多的班級，就把小老師也

包括在內。凡涉及到班上眾人之事，各股長就必須出面告知，盡協調、處理之責，如此可避免有人一直默默地做被領導者，這種靜默的人，通常也是最欠缺磨練的人。一旦進了大學，他可能更沒有機會再磨練。（大學可以遁逃的空間更大，不是嗎？）以清中為例，一個班級共需十三個幹部，加上各科小老師也有二十位了，一個四十人的班級，一個學年每人可輪到一次，三年就有三次；對於那些從小到大都保持靜默的同學們，這種強迫是很珍貴且必要的磨鍊。

除了人人有機會當幹部之外，我的班級幹部推選還有另一個特色：自願選擇。我把所有的幹部職稱一一在黑板上列出來，並說明規則：

1. 上學期任職過的幹部，下學期全數休息。
2. 各種幹部以自願者優先當選，有兩個以上自願者則投票表決。
3. 班長經由第二條規則選出後，有權挑選他的副手。

這條規則一出，在207的初次班會幹部推選時便出現不同的氣氛。（不是諜對諜，也不是一片暗自陷害、推卸的聲音。）全班用傳統的辦法選出孟晴擔任班長之後，他一上臺主持會議，就先挑選他的副手，之後再問有沒有人自願出來幹部。仲凡自動認領了最辛苦的環保股長（真不愧是男人中的男人！），再來是妙卿認領了同等辛苦的衛生股長。如此一來，舉手者奮勇爭光，盛況空前。（從沒看過學生這麼迫不及待要當幹部的！）

一陣熱烈過後，剩下兩個股長空著：圖書股長與輔導股長。班長看看我，問我怎麼辦？我說：「這兩個股長都沒有太大的難度，誰當都可以，班長要如何處置都好。」於是班長拿了一個小粉筆盒，叫大家唱小蜜蜂並同時傳這個盒子，唱完歌後，誰拿到盒子誰就當選。這另類的推選方式很有效率地解決了股長名單，

這是我教書以來年最別開生面的幹部選舉。之後高二下及高三推選幹部，都以此模式進行。每學期開學的第一堂課，當我還在開導師會報時，他們便逕自選好幹部；開完會後，我還在思考如何部署幹部時，他們就來告知：「老師，我們股長都選好了！」

其實，我之所以要同學們自願，還有一個很重要的原因，我希望任職的股長能夠化被動為主動。我在學生生涯中，老是有當不完的風紀，當久了都成了刻板的「風紀臉孔」，人緣都變差了！假如我知道我一定得當股長，我情願選個自己比較願意當的。這能使日後班務在推動時，股長參與的力量更強，對於自己該負的責任更責無旁貸。原本，我以為「好康的」股長會先被挑走，但沒想到在207班裡，先被挑走的都是吃力的狠角色，這些同學勇於挑戰高難度，也給207帶來不一樣的氣息。

這也是我在班級經營當中體驗最大的一點：於權限之內，盡量給同學們選擇權。讓學生選擇願意任職的股長，或選擇報告的書目與日期，訓練他們主動思考，積極安排自己的生活和體驗，而不是被動地接受一切要求。久而久之，他們的腦子才會靈活，習慣思考自己的需要，做出明智的抉擇，並培養「為自己的選擇負責」的習慣。

我認為這是教育很重要的一點。

感謝207，讓我有機會和信心這麼做。

第二，做讀書報告

這個靈感的來源，其實只是想讓班會可以有趣一些。

一般的班會提案討論總是令人興趣缺缺，同學們死氣沉沉的，還得點人起來發言。會議討論冗長又不見時效，其實真正重大的事件都須及時解決，哪等得到班會再討論？例行事項的報告

只需少許時間，只有偶發的重大議題才值得大家討論。我基於自己沒時間介紹課外書，才想到用班會來做專題報告，一來帶動讀課外書的風氣，二來磨練孩子們的臺風。若是磨得出能耐，對他們推甄時面對大場面也許會有助益，即使沒有直接幫助，這也可以是增加他們生活經驗的機會。試想有多少人到高中畢業前，都不曾面對一群聽眾，分享自己的感言？只要人夠靜、夠「隱性」，很可能從小到大，一路逃過需要個別表現的機會。

我開了一張書單，有時間就概略地介紹書單上的好書，加上我把私人藏書全數搬到班上的書架上，讓他們方便地看書，風氣的推廣比我想像中還快。不過在這之前，我再三強調，不准在課堂上「選修」課外書；若有，就將書沒收，全班一律照此規矩處罰或賠償，我開的是方便之門，不希望同學們有犯規之實。

拿到高二上學期的行事曆後，我便挑了十次班會，條列出日期，再請同學們自行挑選時間及書目，非書單中的書亦可，每人報告約十至十五分鐘。口頭報告即可，無需書面資料。臺下的同學們可以提問。三本書介紹完之後由我做總評。這學期的書單及報告方式如附件2。

附帶一提，當我規定每人每學期讀十本課外書時，班上唉聲不斷。不少同學無法體諒老師的用意，把讀課外書當成負擔，而非收穫。為此，我寫了一封題為「降低標準」的信，和同學們溝通（詳見第二篇第三章危機處理的實例），因為只有同學們接受的政策才會是有效政策。後來，我用漂亮的A4印表紙，印給每人一張專屬於他的「藏書箱」，供他記錄他的課外閱讀，這也可促進記錄習慣的養成。

模式是需要悉心建立的。一旦清楚模式，同學們才能進一步的發揮。這學期的讀書報告落差較大，報告精彩的人一下臺就有

人要找他借書，但抓不到報告重點的也大有人在。（當然，我的總評更加深了同學對書籍的好奇。）於是在這個班上，可以看到同學們常在看各種領域的書，有時他們也會推薦好書給我，或主動跟我談余秋雨、朱少麟、張愛玲、丹布朗等作者，我都說得出一點東西，很少令他們失望。

　　當他們主動找我分享，我就知道成效達到了！

　　下學期就比較有難度了！有鑒於部分口才不好的在報告時難以抓住大家的注意力，我更動了下學期的報告方式，要他們以電子簡報的方式，選一位知名人物作為介紹對象。簡介過知名人物後，再選擇搭配的伙伴，兩人一組，每組二十分鐘，兩人都要報告（詳細內容如附件3）。全班轉移陣地，到視聽教室吹冷氣，聽專人做簡報。報告的同學必須將人物照片、書籍封面都掃瞄好，把報告內容提綱挈領地列出來，把介紹內容簡化在電子簡報上，看著螢幕上的綱要一一講給同學們聽。如此一來，才二十分鐘的時間，全班都對這號知名人物有更了深入的了解，這實在是太有效率了！講了半天的連加恩，結果連他服務的國家布幾納法索在哪都沒概念；介紹這個名人卻不知道他的長相，不是很無趣嗎？電子簡報使原本只憑聽覺的口頭報告更添精彩，不只有聲有色，有時再連結網址或影音，從人物散射出去的學習，是輻射狀地廣遠，而不會停留在薄薄的書頁上。

　　有了上學期的基礎，下學期就很愉快了！我們一同分享了李遠哲、幾米、連加恩、林義傑、張忠謀、侯文詠、吳若權、郭臺銘、林懷民、羅曼菲、羅伯特清崎、田長霖、李家同、溫世仁、李昆霖、戴晨志等人，領域橫跨藝術、財經、文學、科學、社會、半導體等等。這也是我讓他們廣伸觸角的方式之一。

三、廣伸觸角，尋找舞臺，化被動學習為主動

　　當我積極營造班級的整體氣氛時，我也一直鼓勵同學們要尋找個人舞臺，創造自己渴望擁有的經驗。通常向心力強的班級會有絕佳的總體表現，這有賴於優秀的核心人物，加上配合度高的個體。然而，大多數學生未來會發生的問題就源於此：學生養成群性，但嚴重缺乏個性。撇開領導人物不看，有半數的同學是乖乖配合班上的政策，但忽略自己的個別差異。他們依賴團體，做和別人一樣的事，也以為這樣的生活就不會有什麼大問題，事實卻不然。試想當他們選擇校系時，是群性重要，還是個性重要？當他們選擇職業時，是個性重要，還是群性重要？當他們選擇人生伴侶時，是群性重要，還是個性重要？國內的教育常忽略個別差異，老師帶班也多著重整體表現，而忘了學生畢業後真正思考的角度，是依自己的條件和意願做選擇，不是依附著團體。所以，我希望207的每一個人各有千秋，集結在一起時可以爭取團體榮譽，同時個人也有自己努力的目標。為此，我規劃班會報告，磨練個人技巧，並且所有比賽，都以徵詢自願者作為第一參賽人員的考量。我鼓勵他們勇於嘗試，勇於爭取不同的經驗，拋開得名的問題，只重意願，不以才能來選才。我不斷告訴學生：高二要盡情展現，到高三才不會留下遺憾。

　　第一波舞臺，是外交部舉辦的外交小尖兵比賽，四位同學鼓起勇氣報名，長達一個多月的時間，我們打了一場前所未有的戰役。因為這四個學生是自願報名，所以準備比賽的過程中從不喊苦，交辦卜去的進度總是如期達成；假如沒達成，通常是因為不清楚方向，或遇見困難。我是統籌者，需要的是掌握計劃執行進度，明白指出進行方向及方法，並引導他們共同思考解決難題。

我面對的是四個動機強烈、躍躍欲試的學生，而不是說一步走一步的四頭老牛。和一個動機很強的團隊相處，做任何事都是腳踏實地、勇往直前的。

這一仗下來，四個學生有了非比尋常的體驗！我們將比賽過程用DVD分享給全班同學，參賽過程從頭到尾都有文字記錄，發表在校刊《清中青年》上，圖文並茂，共一萬兩千多字。這又形成了另一種風氣，並持續醞釀。

到了國語文競賽及英語演講、作文比賽時，醞釀的風氣看見成效。國語文共需十二人參賽，英文只需五個人，結果每一單項自願參加的人數都超出可提報的名額，以英語演講為例，一班可提報三個名額卻有七個人報名，英文作文三個名額共五個人報名。國文科各競賽也有同樣的狀況發生。你若是導師，又是英文老師，你怎麼辦？

以下是我的處理方式：

我找國文老師商量。為了機會均等，要求同學只能擇單項報名。自願名單出爐後，先由同學自行協商，此舉是為了確定他們不是報好玩的。結果竟然沒有人要退出！於是我發下選票，讓同學票選他們心目中的參賽人選。計票後公佈參賽名單之前，我先用書信安慰未雀屏中選的同學，安撫他們的情緒（見第二篇第三章，落選的安慰信），再公佈入選名單及得票數。如此，名單出爐，沒有爭議；落選者受到安慰，也心服口服，參賽的人都是動機強烈、鬥志滿滿的同學。

訓練時，就如外交小尖兵的經驗一樣，他們很主動，我即使累也覺得值得。我不用幫學生寫稿、不必叮嚀他們進度、不用催、不用擔著一顆心，也不必面對學生不情不願的臉。而且和幹部選舉一樣，班上形成了積極主動的氛圍，而不是你推我讓的小

家子氣。這種準備過程，好玩多了！

　　到了中區語文資優班的英語話劇賽時，已是高二下的尾聲，你猜，有多少人自願上臺表演？二十三人。想想，我們全班也不過三十人。挑戰自我，已經不再是精英人士的專利了。

　　「選擇，正是天地間最強大的力量。因為在做出選擇的那一瞬間，人成為靈魂的主人。」

　　要像我這麼做，其實是需要強而有力的心臟的。怎麼說呢？以比賽而言，我不以能力作為選才的考量，反而首重意願。可不可能因此選到能力很勉強的人呢？會不會影響到比賽的表現？很有可能。但是這種經驗之於學生個人，比起名次之於我或班級形象，前者絕對是意義重大。通常在獲知比賽相關資料後，我會提早宣佈我的選才方案以及比賽規則。我會鼓勵學生盡量嘗試，不要讓賢。通常有兩種學生會來報名：第一種是單科能力超強，想藉著參賽宣示「主權」或「領土」！這種同學通常放著讓他自己做，無須導師督促，只要適時給予專業指導即可。這種同學，通常是老師的優選。但是他可能一次又一次累積了許多經驗，當公佈比賽日期後必須選才，他又被同學公推或老師欽點去參賽時，心中就不免意興闌珊：「怎麼又是我？」但他口頭上也不好推卻。一年一度的好機會，若給一個有能力但沒意願的同學，其他人卻因此少了累積經驗、增長見識的機會，實在很可惜。因此，我寧可把班級得名擺在次要，讓動機強的同學接受磨練與挑戰，因為這可能會成為他難得的經驗，但對老手而言，這只是眾多經驗的其中一個而已。

　　第二類就是能力非頂尖，但屬於「二軍」的同學。礙於精英總是擋著他，如果由老師或同學們推選，這類學生通常是不會有太大機會的。要他自願，他也得夠勇敢才行啊！何況他也有名次

的壓力，怕不得名，很難對班上交代。誰參賽不想得名？又誰參賽有十足的把握會得名？我宣佈方法，鼓勵同學們私下找我報名，心中也鎖定了幾個應該會很有意願嘗試的。我說：比賽固然要花時間準備，但可以和高手過招，開開眼界。得不得名沒關係，重要的是因為參賽，我們能好好磨練一番。得名了，爽；不得名，因為投入了時間磨練自己，我們也因此有所精進。何況，他們也不會因為不參賽而把多出來的時間用來做什麼人生大事。我告訴他們盡量來報名，我也希望報出上限名額。但如果報名人數超過名額，我就公開票選，假如結果令部分同學失望，請多體諒。

學生都是很低調，私底下一個一個來登記。有下課把我堵在講臺的，有寫紙條壓我辦公桌的，有透過週記報名的。同學們其實很想，但他們慣於被選擇，不習慣主動爭取機會。如果真的沒人報名（到目前為止還沒有這種情形！），我就藉機詢問我心中鎖定的對象。賓果！要報出最高名額，絕對不是問題。

根據我的經驗，這類同學因為自己的能力不是頂尖，於是就更卯足了勁準備。他們會需要較多的指導，但他更虛心接受指教，以期突破自己的極限。這是我最喜歡的互動。而且，通常只要準備時間充分，這些學生通常都會有不錯的表現，也許不是冠、亞軍，但得個佳作，甚至更好的名次，都很有可能。

對這些「二軍」的學生而言，他們可能一輩子都沒有這個經驗！但是只要他們有心築夢，老師就像「圓夢天使」一樣，協助他們達到夢想。我相信同學們會因此更有自信。下一次他們會跨出更大的步伐，再一次創造不同的成功經驗。看到學生這般成長，是我最大的喜悅。

對於參賽後不幸落敗的同學，他們會看到人外有人，天外有天。他們增長了見識，帶著他們往好的方向看這件事，我肯定他

34

們的努力，我會給他們一個擁抱，告訴他們，他們表現得很好。看到他們突破自己，我覺得很驕傲。

素來，每到演講比賽，老師的工作量就大大增加。有時看到老師替學生捉刀寫稿，還幫學生打字。如果是參賽學生能力太差，需要這類協助便罷；但如果是因為學生興趣缺缺，導致進度落後，老師因為心急而代為處理，那就本末倒置了！到底是學生在比賽？還是老師在比賽？這是學生的舞臺，不是嗎？

這般的體驗，讓高二的生活豐碩精彩，成了體驗最多的一年。學生個別的特色可以一一檢驗成形。一個向心力強大的班級，當個別地看他們時，他們也都有著滿滿的個別表現。別忘了，在未來的人生道路上，「個性」比「群性」重要啊！

有了上述三項鋪陳，學生慢慢地會化學習上的被動為主動。學生要能學會思考，也樂於思考，他們才會慣於選擇爭取機會，他們的表達能力就成了他們爭取的利器，他們選擇屬於自己的舞臺，並盡情發光發熱。學習，不再是被動地接受知識的餵養，或被動地參加學校安排好的活動，一切照著課本、行事曆的安排；而是他們主動探索自己的喜好或不足之處，想更上層樓、想力求進步。他們想有領導團體的經驗，或者一圓藏在心中已久的夢想，他們在尋找更多面向的自己，他們在學著過一個無憾的高二。

這不是很棒嗎？

不過讓我們回到高一，假如沒有奠定良好的時間規劃能力，這樣的高二是令人膽顫心驚的，是挖東牆補西牆的高二。學生的行事曆裡充滿事件，而每日的學業會變成活動擠壓下的犧牲品。屆時，家長生氣，學生心情大起大落，老師等著月考後接家長電話，抱怨活動太多，抱怨社團，老師又成了擦屁股收爛攤子的人！

　　所以，時間規劃是精彩生活的必要基調。要一直做一直做，每天、每週、每月做，而且常常檢討得失，要做到學生能明確告訴你他上週、本週、下週的活動重點及課業進度，才算是進入狀況。在忙碌的高二生活裡，一要把握當下，二要為未來鋪路，三才能不枉風光一場，並創造先機。

四、建立適當自我期許

　　高二是積極探索自我潛能的一年，同時藉由廣泛的涉獵、吸收或反覆地辯證，屬於自己的價值觀會漸漸成形，對自己的能力將有更深一層的認識，且要形成適當而忠於自我的期許。同學們會受到長輩、老師的期許，家長和老師當然希望孩子們的表現能越來越好，而且都緊抓著學業的表現作為判斷指標。然而，我們評量的指標一定是線性的嗎？只能看學業嗎？我們對學生的期許，學生認同、接受嗎？套用師長期許的框架，學生還有對於自我判斷的標準嗎？各項表現的評量標準都一樣嗎？他們對自己的判斷夠忠實嗎？

　　有沒有成績很好但很安靜的學生，除了成績以外，對自己根本沒自信，覺得自己毫無特色呢？有沒有表演型的學生，在下了舞臺之後，面對成績單就只能嘆氣呢？

　　我們對孩子們的期許，永遠不如他們對自己的期許所形成的動力來得強。外加的期許可以是壓力，而且只會增加學生的被動性，我常稱之為「奴性」。它只能是自我期許形成的過程。自發的期許才是源源不絕的動力，而且可以調整，這是他們探索自我的一部分。

　　每班都只能有一個第一名，能要求大家都得第一嗎？每次月考都要比上次好，永遠只進不退，可能嗎？人生的成敗、輸贏

是很現實的，孩子們對自己的期許，難道也要如此功利，一直向前，沒有彈性嗎？為什麼不把第一名改成前五名？把小輸為贏取代勇往直前？用百分之八十的精力來讀書、百分之二十去參與活動，得到斤斤計較後的小幅成長的成績；不如用百分之六十的精力來讀書、百分之四十去參加活動，把成績基礎紮穩，同時全面拓展生活經驗。荒謬的是，我們若要求學生百分之百地投入學業、百分之百放棄活動經驗，藉此增加他上理想大學的機會，等他上了大學，一切問題才正要爆發。他沒有領導經驗，他只會「從眾」而已。嘿，大學不是跟著別人走，就一切OK的！會有越來越多針對個別需求而產生的課題：住宿舍、選修課程、男女交往、選擇指導教授、再升學或就業等等，我非常反對家長或老師無意間透露出的訊息：「考上大學，一切問題就解決了！」或「沒上大學，一切就完蛋了！」不，一個經驗不夠、不會思考的學生，上了大學，一切問題才正要開始。沒有應屆考上大學，也不足以否定高中三年的所學所得，倒是學生怎麼看待自己的得失成敗比較重要！

老師的肯定，絕對有助於學生由點到面的自我期許。凡是受到來自長輩的肯定、讚美，應該沒有人不高興的。學生更是！他們很享受「老師看到我的好表現」的時刻，這使他們有種飄飄然的感覺。我們可以從他們的某一點好表現肯定他們，再轉移到另一個點上；假如他們又有些許進步，就再給他們一次肯定！這會推動一個良性循環，拓展學生的學習層面，形成他們的自信，對自己才會更有期許。

這種期許像是買糖果秤重，一直一直往上加，才是糖果店裡會留住客人的好店員。但是秤多少代表夠了，是由他們決定。而不是由我們畫一個刻度，要他們達到這個刻度，才叫成功。這種

全盤否定的態度，最容易讓人放棄努力、拒絕再嘗試。你要老師
這樣對待你的孩子嗎？

　　孩子們的未來在他們手中，也理當由他們來掌控。有時我不
得不說：我們都被數字制約了，忘了有許多不能用數字量化的能
力，才是日後孩子面對現實生活所必須具備的。不要用我們的框
架套在孩子身上，在這個瞬息萬變的新世代裡，我們師長所習慣
的標準不會永久不變。孩子們應該要最了解自己的程度、需要、
和個別差異，他們才是自己的領航者。他們的自我期許將是人生
旅途上源源不絕的動力，他們會鞭策自己，不勞我們苦口婆心。

　　你覺得用這種方式，從高一過到高二，是不是充滿挑戰、充
滿成長的體驗呢？再來就要進入高三的試煉期了！

第四章

追夢的高三

　　高二下的精彩，宣告著繽紛的高中生活自此畫上句點，接下來的是將絢爛化為平凡的苦幹實幹。送走高三畢業生後，換成他們坐在學長姐的位子上，這意義是發人深省的。倒數從此開始。暑假之後，同學們便責無旁貸地拼功課。第一戰，就從模擬考開始。

　　高三生活別具意義。高三，是「帶心」的時刻。要說理，更要論情。以下列出三項帶班重點：

　　一、耐著性子磨思考，不要死背。

　　二、形成願景，強化動力。

　　三、相信自己，疼愛自己。

一、耐著性子磨思考，不要死背。

　　聯合模擬考成績一公佈，同學們的情緒起落就很大，以跨校排名來看自己的表現，很少有人滿意，有人甚至連成績單怎麼看都不懂就跟著哀嚎，有些家長還會跟著窮緊張。其實第一次模擬考只考一、二冊，主要用意在於讓同學們了解模擬考題型態、答題時間分配，並徹底「收心」。我會領著學生去了解他們的得分結構，思考他們的強項及弱科，在全校、甚至跨校的考生中勝出或敗北。以英文為例好了，他們哪個大題最差？作文看圖題知道如何下筆嗎？藉著第一次模擬考抓出弱點，積極練習。假如學生英文的文意選填老是被扣最多分數，我就會教他們如何判斷詞

類，進而挑選出答案，然後教他們土法煉鋼，一天寫一篇文意選填。如果是單字很弱，文意字彙失分最多，此時加倍每週單字的量，同學們也比較不會有怨言。此時，是最好對症下藥的時期。因為模擬考已經顯露出學生的弱點，我們應針對弱點加強改進，學生讀書的目的會變得更具體清晰。

不過我也必須說，身為英文老師，我也只能治英文科的病症。同學們要能統計自己的失分題型，接下來勇於請教各科任教師。若同學們自高一開始便有發問的習慣，高三受益就更多了！學生必須從答題的磨鍊中好好體驗自己的缺點，以求改進，減少盲點，讀書才有具體的進步。他們不只為了考試而讀，也在享受把習得的知識應用在考題上的成就感，這是一個打通任督二脈的過程，亦是成就的喜悅。我一直強調：求知本身就是一種快樂。將似懂非懂的理論讀懂，讓所學的知識融會貫通，在答題時能勢如破竹，一一破解，是很痛快的感受。

每考一次試，就檢討一次得失，並擬定前進方向，用客觀、思考、理性去看待成績背後突顯的學習問題，不要被名次左右情緒，這是穩定軍心及判定策略的不二法門。

然而，學生最常出現的狀況，就是每天都泡在書堆裡，很認真、很用功、很晚睡，但成績就是沒有起色；或者月考表現優異，模擬考卻成績急降。怎麼會這樣呢？原因不一，不過其中有一種情形就是：學生努力用功卻不會融會貫通。對於小範圍，可以靠強記得分，但碰到靈活題型就沒轍了！我覺得這種學生盲點最大，要改變也最難。他們的模擬考成績，對他們是最具殺傷力的。假如我在高一、高二就接觸這類學生，我會不斷教他們要擴大閱讀範圍，並靈活的出題，引導他們放棄死K的方法。可是假如高三才遇上，通常我就會教學生反省自己的作息安排，教他們

找出黃金時段，檢驗自己的讀書方法，勤做習題，以知自身盲點，勤問問題，以求徹底了解。一抓到時間就讀書，或把所有的時間都拿來讀書，不是高三上應有的節奏。高三上應該是把所有學問鬆一鬆的時候。假如把所有要讀懂的這些知識比喻成積木，要全疊到腦袋裡，一直把積木往裡頭塞，絕對放不了全部的積木；一旦滿了，你再怎麼壓、再怎麼用力，想把積木擠進去，是沒有用的。所以，要先讓他們想想：怎麼疊會最整齊，最不浪費空間。這種思考是要花時間的。忙著堆疊的學生，看似已經起跑了，也跑了一段距離，而在思考的學生還停留在原地，但大學聯考是耐力戰，是馬拉松，不是衝出起點狂跑就能贏的。要注意配速、節奏、呼吸等等。再說，高二上就半夜一、兩點睡，沒有週末休息，那麼高三下要幾點睡呢？千萬別教學生在書桌前讀越久越好，反而要教他們排定每天讀書的時間表，高三一定要掌握到節奏，從學生清不清楚下列問題，就可看出他們有沒有掌握生活節奏：

每天幾點起床？

每天幾點到家？

每天幾點可以開始專心K書？

每天幾點上床睡覺？

一週裡哪一天考試最多？哪一天最少？

一週裡哪一天體力負荷最大？哪一天最讀不下書？

一週裡哪一天、哪一個時段是純休息不K書的？

每週一到週日，大約各有幾個小時可以K書？

每一科在什麼時候讀，效果最好？

怎樣的休息，放鬆效果最好？

有疑問時和誰討論最好？

什麼是最不勉強、最有效率的運動？你會去運動嗎？

　　假如學生可以清楚每天自己可能會面臨的狀況，他們就會知道如何面對，也就不容易耗費體力抵抗，而是順著節奏流暢前進。死讀書的學生往往只看到自己坐在書桌前用功的時間，而不會看他們的節奏，用他們的方法堆積木，堆得越多，越捨不得拆掉重建。

　　通常，我會在全班面前做些提醒。假如同學們個別來找我，我會直接逼問他：

　　「你是讀過了？還是讀通了？」

　　「你是只讀了一題？還是弄懂這一題所有相關的知識？」

　　「你對不懂的題目，有沒有徹底的問明白？還是一廂情願地想：『不會這麼剛好出這題啦！』」

　　「你是不是已經放棄了三角函數？假設語態？電磁學？或經濟地理？」

　　「假如出了這類題目，而且只需基本知識，你卻不會解，會不會『搥心肝』？」

　　我的目的是要學生把不太懂的，或完全不懂的觀念，退回原點，重新讀過，而不是匆匆看過，還理直氣壯地說：「我讀了啊！」讀不通，等於沒讀！讀書要憑良心，不能自欺欺人！

　　所以要教學生耐著性子磨思考。

　　此外，新聞時事的部分也要好好的掌握，以培養學生相關知識的涵養，活化他們的思考、推理、邏輯。這對他們的作文、應用題和時事題十分有幫助。我的學生到高三時對《天下雜誌》、《商業週刊》的接受度更大，主要是這些雜誌，對他們感興趣的時事議題有更完整深入的分析與報導。這是很好的現象。

二、形成願景，強化動力

　　學生的願景，是他的動力所在，少用扣分、譏諷或否定的態度去激發學生，讓他們一邊努力一邊懷疑自己。反倒要用問題來推動他們將自己的願景具體化，問他們：你想讀什麼科系？為什麼？你有什麼強項可以進這個系？你是因為興趣，還是就業機會選擇科系？這個系需要具備什麼能力的學生？學些什麼？你對系上教的科目有什麼了解？溫和地，用一連串問題問他們，他們能回答得越清楚，他們的願景就更具體，對目標也越堅定，也會越心甘情願為之努力。苦讀時，不覺得是被逼著而讀得無奈；反而是為自己讀，會更樂意多讀一點，這就是動力。

　　其實這個問題，在高二時就已經提出來讓學生初步思考，我們借用的是學系一覽表、消去法和星等評分法。但上了高三，因為危機感，下判斷會更謹慎。一般來說，學校會在十月底作推甄的校內初選，最好在這之前讓學生的願景形成雛形，到了學測前，這個目標會支撐他們努力前進，而不是一開始就把目標設定在七月的指考，自以為多了五個月讀書，其實只是延遲起跑而已。

　　不過儘管危機意識存在，還是有很多學生是茫茫然的，願景抽象而模糊的佔大多數。我在高二和學生個談時發現：無法明確條列自己想就讀的學院的同學佔多數，能為自己志願做排序的其實寥寥無幾。只有大約四分之一的人能明確地說：「我要考外文系。」「我要讀商學院。」想讀法律的大半很遲疑，因為知道不好考。學生最口徑一致的說法是，只希望考上國立的，至於國立的什麼科系再說。這哪叫願景？考量條件雖然很實際，卻本末倒置。應該是先選定學院，再細挑科系，最後以實際表現做國立、

私立的調整。為了幫助學生形成具體的願景，除了先前的大學校系一覽表、課外閱讀和搜集學長姐經驗之外，還要加上兩點：參考學校性向測驗，找出適合的學群，以及上網直擊系上所開的課程，廣蒐資料。

三、相信自己，疼愛自己

學測過後，到了高三下，逝去的每一天，就像一塊塊磚頭壓在同學們的肩上，越堆越多、越堆越重。對於此時進入倒數的同學，我是無限心疼！尤其四、五月時看到同班出現的準大學生一副「涼阿涼」的姿態，可能有些同學妒忌在心，成了「鳥頭族」：紅目呵，尖嘴喙。若沒有好好處理，暗積在心裡的衝突會令學生更加失衡。

假如學生都循著注意事項進行，老師也頗得民心，班上大抵就能以穩定的節奏朝著既定的目標努力。但隨著一、兩個個案爆發，導師要格外注意星火燎原的可能性。班上可能會發生下列現象：

1.名不副實的請假——此現象在月考、模擬考前尤盛

要確實掌握出席人數、小心處理請假事宜，若有同學以病假之名，行在家讀書之實，一定要確實掌握狀況，透過個別了解，甚至與家長討論，遏止歪風。只要請假的同學嘗到甜頭，班上就會形成風氣。要告訴同學們，此風一長，必定形成惡性循環，人人都蒙受其害，要分析這種利害關係，讓學生和家長都能理解。一般而言，學生或家長若知道老師嚴格管控，就不會冒然嘗試。我通常在學生上了高三後，就先預告這種現象，給他們打好預防針，慎防這種現象發生。

2.情緒崩潰──尤其情緒化、沒自信的學生。

　　到了高三，我還是會要求同學們寫週記，並且改得更仔細，如此可知道同學們的個別狀況，並進一步加以關心。有的同學承受不住強大的、未知的壓力，會在某個時候一直哭一直哭，導師的關懷在此時就很重要。讓他們知道導師懂得他們的感受，他們會比較好過；同時也讓他們知道，這壓力不是只落在他們肩上，這是所有高三生都面臨到的挑戰。不過關懷的同時，別讓自己變成學生緊抓不放的浮木，不然他們會養成習慣，定期地來找你哭，那就麻煩了！麻煩還算小事，一旦這種不當的現象週期化，那才可怕，而且週期可能有越來越短的趨勢，老師一定疲於應付。老師的關懷要及時，但不要定期。別讓學生養成習慣，老是靠老師得到力量。老師只是鼓勵，真正的動力來自他們的願景。

3.緊張的後遺症──睡不著、腸躁症……

　　緊張是許多學生的通病，當他們已經承受過多的壓力，消化不了了，身體會有反應出現。再加上女生缺乏運動，常因為生理痛而請病假，也怪他不得。其實這應是聯考最大的學習──學習排解、學習抗壓。了解壓力是必然的，而且不是他一個人的問題，若師長能體諒，會令學生安心許多。因為我本身是個愛好運動的人，我常以游泳為例，說明運動的好處：游泳不僅能鍛鍊體力，更帶給我自信。當下水游完一千公尺，我確定自己有毅力、有執行力，能堅持下去，完成目標。這種成功的感覺可以類比到讀書上。運動時腦袋是放空的，容許很多內心獨白浮現，把心裡的垃圾倒光。當天如果做過運動，一定會睡得比較好。當體力好、睡眠品質好、心理建設完整，人也不容易出問題。

不過要提醒一點：時間規劃在解決問題這件事上舉足輕重。排定時間讀書，也要排定時間放鬆，並且鼓勵學生要做「積極的放鬆」。如果要看電視，不如租個好片，看完會受到鼓舞，更有力量撐下去，這比看一堆娛樂性節目好！

至於嚴重到失眠或得腸躁症的，還是要看醫生，方為上策。

4.自暴自棄、自怨自艾、自說自話、自我放逐……

不論模擬考前或考後，都有人放出風聲要放棄。放棄小考，就等於放棄跟上老師的進度；放棄模擬考，就等於放棄學測，甚至放棄該年的指考。只要壓力一來，抗壓性差的另一種反應，就是放棄，這是看似最能避開問題的方法，卻無法解決問題。我認為在同學們喪失自信時，最需要有人帶領他們，看看他們所擁有的。我收集了不少文章，都是環境很差，但奮發成功的例子。假如學生自認是零，我會告訴他們，還有人是負數，更慘！我曾讓學生看「盧安達」的電子簡報，一看到有人連活下去都成問題，他們實在不該抱怨什麼！萬明導演為三位盲生拍攝紀錄片《在黑暗中追夢》，也有類似的功效。升上高三，我們還看了三部紀錄片，看似花時間，卻讓人更珍惜時間，成效很好。

老師也要直接點出：「放棄，沒有解決問題，只是把問題拖得更久。」面對，可能只痛一次；但是放棄，很可能不只痛一次！自憐自艾，不會讓自己更好，他們才會心甘情願地走出自己的悲哀。

要小心喔！自憐自艾是部分同學的習性，不要每次都花一樣的心思來改變他們的劣根性。反而是好好處理一次之後，再發作時，帶著他們看：「我又發作了！一樣的問題。」一次又一次，他們才會主動形成正確的連結：自憐→看看別人→想想自己所擁有的 →再出發，如此扭轉他們根植已久的惡習。每次都要老師用

力地把學生拖出泥淖，學生就會習慣於賴著不動：「反正老師會幫我！」如此，老師就是三頭六臂，也不夠用！

　　學生讀書時發生種種不適應的現象，其實是件好事。大學聯考制度更改，加上新設立的大專院校所開放出來的名額，考上大學已不是什麼難事。學生面對聯考時會發生的狀況，其實正預告著，他們日後在職場或在現實生活的競爭中可能會有的表現。帶著他們面對自己的問題，學習如何抗壓，這個過程才有積極的意義。苦，也要苦得值得！學生熬得過這一關，也才比較能熬過日後人生的種種關卡。如此一想，就會有不一樣的心情。所以，不要閃躲、不要迴避，不要有鴕鳥心態。

　　先前提過時間規劃，然而時間規劃也是學生失落感的來源之一。當模擬考時程一公佈，新舊範圍的進度，常把學生搞得人仰馬翻。認真的學生興沖沖地排定讀書的時間和範圍，可是因為無法徹底執行而放棄堅持，覺得規劃了時間也沒有用，根本就做不到。我告訴學生，做不到是很正常的。在排定的時間和範圍中，能有八成執行率已是很「堅忍不拔」了！學生時間規劃好了，但做不完，只要把沒讀完的範圍再規劃時間補足即可！模擬考沒有讀完的時候，就算讀了一遍，也希望再讀一遍，讓自己更熟一點。很少有學生是自信滿滿地說：「來！隨你考吧！」於是，先讓學生降低預期能百分百執行的心理，才不會因為規劃時間反而帶來更大的失望。就如我先前所言，一有空白的時間，就知道自己該讀什麼，是時間規劃的最高境界。所以，一邊規劃也一邊接受變化，並適時調整修正。即使規劃後進度落後，也絕對勝過沒有規劃地亂讀一通。沒有規劃的人拿起書來，就從第一冊第一課開始讀，而這一課通常都不考，諷刺吧！

　　經過高三一年的淬鍊，學生應該有更強的抗壓性，動靜之間所需要的緩衝時間減少，不論要玩要讀都能更快地就定位。這是

高一、高二沒有的成熟。我常告訴高三學生：人生當中難得有目標如此單一純粹的時候，要好好珍惜這段與知識為伍的時期，那美好、自由、寬闊的大學四年才會來到。我們現在所做的，就是掌握現有的時光，讓那將來臨的更美好。

高三，是希望滿滿的一年。

第五章

畢業之後

畢業了，還要班級經營嗎？

開玩笑，投資了三年，你會不回收本利嗎？身為一個園丁，辛苦栽種，好不容易等到果園結實纍纍，你不想看看滿園桃李有多少？是好桃好李？還是一堆爛桃爛李？

在我教書的頭幾年，面對學生畢業，我確實有一種：「喔！終於！」鬆一口氣的感覺。但是金山高中的學生改變了我的看法。他們上高三那年，我因為結婚而離開金山。可能是基於內疚，我和他們聯絡得很勤。我感覺到學生離開了我，開始成長出他們的樣子來。尤其是畢業越久，那樣子越完整，大部分是他們自己想要的樣貌，但又有一點當時我對他們期許的味道。也因為我好奇心很重，我想知道他們變成什麼模樣，於是我一直主動保持聯絡。

很奇妙地，學生畢業之後，師生關係就變得很輕鬆自在。所有造成關係緊張的衝突、要求、期待、諜對諜都不見了。學生聯絡或探望，多是因為懷念與關心，常常分享心情或祝賀節慶快樂；而我多是關心地詢問他們的生活及學習狀況，語氣多是祝福和叮嚀。這不是最溫馨的畫面嗎？我尤其喜歡和就業後的學生聯絡。我的生活常是封閉在家庭和學校之間，說得更不長進點，當個老師，即使和社會脫節，都無損於他的薪資和工作績效，我常常覺得我們是閉門造車的行業。就業學生的分享常把我帶出安全、封閉、小小的象牙塔，他們帶我看到各行各業的精彩與辛

酸。並且因為他們也比已往更加成熟，每當回想起過往我對他們的教導，他們的回饋讓我更確定哪方面的引導是影響他們最長遠的，我千萬不能因為課程很趕，或一時心灰意冷而略過不談這些人生話題。是他們讓我更加堅持人格教育重於學業成績。本書第四篇的第十一期「回頭的風景」，寫得正是我的這種感受。師生關係經過時間的檢驗與沉澱，如甕底的好酒，更加香醇。

怎麼做呢？按你和班級的關係決定要做到哪個程度，不要偷懶，也不要處於被動，倒要盡量順著衝動，想太多就容易放著不聯絡，並且盡量將模式固定下來。減少變動，就會增加穩定性。

一、固定聯絡方式，電話或通訊地址

電子郵件、MSN、部落格或節慶卡片都是很好的方式。以我自己為例，部落格正是我「跑得了和尚，跑不了廟」的那間廟。舉凡心情發表、尋人、叮嚀提醒，消息一放上部落格，就會自動傳開來。凡是沒有緊急性的訊息，我都在部落格上進行。這是畢業前，我和307約定的聯絡方式，因此他們都知道上哪兒找我。有一回，我想在校刊上做一個專題：「高中生，你準備好上大學了嗎？」希望307學長姐能以過來人的身分，提醒學弟妹好好趁著高中三年，正確地裝備自己，以期大學時能收穫更多。我將消息在部落格上PO出來，說明我的用意、書寫方向、截稿日期等等，請有心人士上來留下姓名，我再做後續聯繫。這篇專題就藉著部落格和電子郵件完成，交付編輯。（部分文字請見第四篇第十六期「帶著走的能力」）

其實，我更希望部落格能發揮串聯各屆畢業生的功能。除了學生和我橫向的溝通之外，我很希望他們能有縱向的聯繫。畢

竟，學長姐的故事一向吸引學弟妹，也是我課堂上分享的話題，和學弟妹最佳的借鏡。如果學長姐和學弟妹可以在我部落格上相遇、「驗明正身」，這不也是種樂趣？

二、固定聚會日期，以利學生空出時間

會有這種模式，起因於金山的學生。每年我都得回基隆婆家過農曆年，金山的學生年假時也都會回金山。有一回，他們約我大年初二出來敘舊。散席時，我隨口提議明年初二再聚，同學們也都欣然答應，這一約就成了慣例，如此約定六年了，我們都在過年前約定地點及時間，年初二的晚餐，照例就是金山的高中同學會。

三、多主動聯繫，但是不要固定

這對老師而言大概是最困難的事。都畢業了，責任都卸下了，幹嘛還要去聯繫學生？試想看看：假如有一天你看到你的老師來信，就算是影印的，問你現在過得如何，你會不會很感動？其實，我們就是那創造感動的人。簡短地說一下你的生活、校園內的事、各科任老師的近況，再問候一下他們現在過得好不好，多加一句祝福的話語，學生就感動地飆淚了！他們搞不好正拿著你的信炫耀給室友看呢！（是我想太多了嗎？）我只要找現在的學生幫忙折信紙、塞信封、寫地址，然後用大宗郵件一封三塊半寄出，我就等著天天拆回信，然後再將學長姐的訊息和現在的學生分享。記得：不要固定，讓你的信成為學生意外的驚喜。第三篇第八、九章「2004給歷屆畢業生之一及之二」，就是一時衝動的結果。

　　所以，不要錯過師生關係中最輕鬆也最真摯的交流。只要多花一點點力氣，我們就是收穫最多的人。而且很意外地，你會發現他們的回饋，竟成為你繼續堅持崗位的動力。我們的教育成果，在許多年之後，拿掉分數的制約，此時才得到一個客觀公平的評鑑。

附件1：第一類組學系一覽表（95年資料）

外語學群

學類名稱	學系名稱	學類名稱	學系名稱
英語學類	外國語文學系	東方語文學系	韓國語文學系
	應用外語學系		東方語文學系
	英國語文學系		日本語文學系
	應用英語學系		阿拉伯語文學系
	英語系		俄國語文學系
	英美語文學系		應用日語學系
歐洲語文學類	法國語文學系	翻譯學系	翻譯學系
	西班牙語文學系		
	義大利語學系		
	德國語文學系		
	德國文化學系		

資訊學群

學類名稱	學系名稱	學類名稱	學系名稱
資訊管理學類【跨管理學群】	資訊管理學系	圖書管理學類【跨大眾傳播學群】	教育科技學系教育資料科學學系圖書資訊學系

文史哲學群

學類名稱	學系名稱	學類名稱	學系名稱
中國文學類	中國文學系	歷史學類	歷史學系
	中國語文學系		史學系
	國文學系	哲學類	哲學系
	臺灣文學系	宗教學類	宗教學系
	應用中國文學系		

法政學群

學類名稱	學系名稱	學類名稱	學系名稱
法律學類	法律系	地政學類 【跨管理】	地政學系
	財經法律學系		土地管理與開發學系
政治學類	政治學系		土地管理學系
外交學類	外交學系	社會福利學類 【跨法政】	青少年兒童福利學系
公共行政學類 【跨管理】	公共行政學系		社會福利學系
	公共行政與政策學系		
	公共事物管理學系		
	市政暨環境規劃學系		

管理學群

學類名稱	學系名稱	學類名稱	學系名稱
企業管理學類	工業關係學系	觀光事業學類	觀光事業學系
	事業經營學系		觀光學系
	企業管理學系		休閒事業管理學系
	行政管理學系		旅館與餐飲管理學系
	工商管理學系	醫務管理學類	醫務管理學系
	管理學院	織品學類 【跨設計】	織品服裝學系
	商學院	公共行政學類	公共行政學系
	管理科學院		公共事務管理學系
資訊管理學類	資訊管理學系	地政學系 【跨法政學群】	地政學系
大眾傳播學類	傳播管理學系		土地管理學系
工業工程學類	工業管理學系		土地管理與開發學系
運輸管理學類 【跨工程學群】	交通管理學系	勞工關係學類	勞工關係學系
	航運管理學系		

財經學群

學類名稱	學系名稱	學類名稱	學系名稱
會計學類	會計學系	金融學類	金融學系
財經管理學類	財務管理學系	保險學類	保險學系
	財務金融學系		風險管理與保險學系
國際貿易學類	國際企業管理學系	經濟學類	經濟學系
	國際企業學系		合作經濟學系
	國際貿易學系		產業經濟學系
	國際貿易與金融學系	農業經濟學類【跨農林】	農業運銷學系
財稅學類	財稅學系	統計學類	統計學系
	財政學系		
	財政稅務管理學系		

醫藥衛生學群　　　　　　　　農林漁牧學群

學類名稱	學系名稱	學類名稱	學系名稱
醫務管理學類	醫務管理學系	農業經濟學類	農產運銷學系

大眾傳播學群

學類名稱	學系名稱	學類名稱	學系名稱
大眾傳播學類	大眾傳播學系	圖書管理學類	教育資料科學學系
	公共傳播學系		圖書資訊學系
	傳播管理學系【跨管理】	資訊傳播學類	資訊傳播學系
	口語傳播學系	新聞學類	新聞學系
圖文傳播學類	平面傳播科技學系		新聞傳播學系
	影像傳播學系	廣告學類	廣告學系
	視覺傳達設計學系		廣告傳播學系
廣播電視學類	廣播電視學系	電影學類	電影學系
	廣播電影電視學系		

工程學群

學類名稱	學系名稱	學類名稱	學系名稱
工業工程學類	工業管理學系【跨管理】	運輸管理學類【跨管理】	交通管理學系
			航運管理學系

數理化學群

學類名稱	學系名稱
統計學類【跨財經】	統計學系

社會與心理學群

學類名稱	學系名稱	學類名稱	學系名稱
民族學類	民族學系	社會教育學類	社會教育學系
人類學類	人類學系	社會工作學類	社會工作學系
心理學類	社會心理學系【跨社會】		社會政策與社會工作學系
宗教學類	宗教學系	社會福利學類【跨法政】	青少年兒童福利學系
輔導學類	輔導學系		社會福利學系
	教育心理與輔導學系	醫學社會學類【跨醫藥衛生】	醫學社會學系
社會學類	社會學系	生活應用科學類	生活應用科學系
	社會心理學系【跨心理】	勞工關係學類【跨管理】	勞工關係學系

教育學群

學類名稱	學系名稱	學類名稱	學系名稱
教育學類	教育學系	音樂教育學群【跨藝術】	音樂教育學系
初等教育學類	初等教育學系	美勞教育學類【跨藝術】	美勞教育學系

公民訓育學類	公民訓育學系	幼兒教育學類	幼兒教育學系
語文教育學類	語文教育學系	特殊教育學類	特殊教育學系
輔導學類	輔導學系	社會教育學類	社會教育學系
	教育心理與輔導學系	社會科教育學類	社會科教育學系

地球與環境學群

學類名稱	學系名稱
地理學類	地理學系

建築與設計學群

學類名稱	學系名稱	學類名稱	學系名稱
室內設計學類	室內設計學系	工藝學類	工藝學系
	室內空間設計學系	商業設計學類	商業設計學系
空間設計學類	空間設計學系		商品設計學系
景觀設計學類	景觀設計學系		視覺傳達設計學系
	景觀建築學系	服裝設計學類	服裝設計學系
印刷學類	印刷藝術學系	織品學類	織品服裝學系
工業設計學類	工業產品設計學系	造形藝術學類	造形藝術學系

請用消去法，刪去你絕不讀的科系
請用一到五顆星標出你對該科系的喜好

夢幻科系	優勢與劣勢	夢幻科系	優勢與劣勢
1		4	
2		5	
3		6	

1. 你確定這個科系符合你的性向嗎？
2. 你為什麼想讀這個科系？
3. 你知道這個科系有何特色？
4. 你有什麼條件使你佔上優勢？
5. 你缺乏哪些讓你進該科系的能力？
6. 你和爸媽及家人談過嗎？他們支持你嗎？

附件2：207班會讀者報告

207書單（一學期十五本）

小說類	自傳類	散文類	其他
最後十四堂星期二的課 達文西密碼 香水 希臘羅馬神話故事 蒼蠅王 風鳥皮諾查 少年小樹之歌 奈米獵殺	張忠謀自傳 別鬧了，費曼先生！ 流氓教授 五體不滿足 郭臺銘的鴻海帝國 李遠哲傳 一無所缺的人生 （蓮娜瑪麗亞）	潛水鐘與蝴蝶 我的十六位野人朋友 愛呆西非連家恩 愛上飛翔的班長 （連家恩） 北歐魅力ICE 北歐驚豔 樂活2.0（王文華） 追逐日光	精緻的年代 野火集 （龍應臺） 面對大海的時候 （龍應臺） 從基本做起 （李家同） 越讀者 天使米奇的十四堂課 禮物 誰偷走了我的乳酪
自然科學類	歷史人文類	財經管理	漫畫
所羅門王的指環 十月的天空 我的野生動物朋友 大腦的主張 （洪蘭） 科學向腦看 （曾志朗）	槍炮鋼鐵與病菌 石器時代的女孩 成吉思汗 曠野的聲音	窮爸爸，富爸爸 意外的人生 （蘇國堯） 御風而上 （嚴長壽） 總裁獅子心 （嚴長壽）	灌籃高手 家我之人 三眼神童 怪醫黑傑克 棋靈王

作家分類

余秋雨	洪蘭（遠流出版）	李家同	王溢嘉
文化苦旅 山居筆記 行者無疆 千年一嘆 借我一生	講理就好I 打開科學書（講理就好II） 知書答理（講理就好III） 理應外合（講理就好IV） 良書亦友（講理就好V）	幕永不落下 陌生人 讓高牆倒下吧 鐘聲又再響起 第21頁	實習醫生手記 蟲洞書簡 世說新語 傾聽內在的聲音

幾米	侯文詠	繪本類	
向左走，向右走	我的天才夢	你很特別（道聲出版）	好好照顧我的花
地下鐵	白色巨塔擁抱	綠鼻子（道聲出版）	（郝廣才）
月亮不見了	危險心靈	你是我的孩子（道聲）	
幸運兒	靈魂	你所需要的（道聲）	

207班會讀書報告

時間	十～十五分鐘／人（一定要超過十分鐘） 每節課二～三位，人人有「講」。
內容	1. 書名、作者、介紹此書的原因 2. 書中精彩部分介紹，書中最打動你的地方 3. 給此書的評比（一到五顆星：☆☆☆☆☆）
注意事項	1.看完書，才做報告。 2.務必把書帶來。

附件3：207班會名人傳記報告

一、方式：電子簡報Power Point

二、內容：

　1.基本資料介紹（含個人學經歷、個人照片和書籍封面）

　2.特殊經歷

　3.個人特質

　4.對你的影響

三、時間表：二十分鐘

　1.3/8 ：Irene&Ann（幾米）

　2.3/29：Vicky&Cindy（李遠哲），Betty&Nancy（連家恩）

　3.4/12：Ellien&Rebecca（田長霖），Christine&Grace（李家同）

　4.4/26：Rubby&Peggy（林懷民），Jill&Sherry（嚴長壽）

　5.5/3：Judy&Amy Shi（侯文詠），Rita&Ellen（張忠謀）

　6.5/17：Sandy&Alice（幾米），Fanny&Wendy（吳若權）

　7.5/24：Tina&Angel（張忠謀），Jacky（羅伯特清崎）

　8.6/7：Joanne（郭臺銘），Amy（羅曼菲）

　9.6/14：Lisa&Circle（戴晨志），Brody（李昆霖）

四、報告完，請於該週將outline整理成A4大小書面報告，公告於佈告欄。

第二篇

工作備忘錄
——禁忌、祕技與危機處理

　　教書是條長遠的路，犯了禁忌，沒有節用心力，或錯失第一時間的危機處理，都會令老師的班級經營事倍功半，時間久了，想不職業倦怠都難，而長期的倦怠正是教育殺手。第二篇是我的工作備忘錄，用來叮嚀自己四件導師千萬不要做的事，四項看似費力但其實省力的班級經營方式，最後是一些實地處理班級事件的書信和記錄。導師既是管理者也是啟蒙者，身為啟蒙者，總是帶給我最多的成就感。有了這份備忘錄，我避免重覆不少錯誤與職業倦怠，並且更深入體驗教育的本質，看到師生之間是多麼變化多端的有機體，也考驗自己解決問題的能力。教書時日越久，越覺得有滋味。能當個導師，我是受到祝福的。

第一章

導師的禁忌

　　擔任導師，有很大的權限可以管理學生。正因如此，在選擇為與不為之間，考驗著導師的智慧。有些事，導師可以權宜不做，表面上是節省了時間，但事後引發的困擾，卻得花費更多時間解決。以下便是四件不宜放棄的事：

　　一、不開班會。
　　二、不改週記。
　　三、放棄溝通。
　　四、放棄希望。

一、不開班會

　　在一個以升學為導向的高中裡，很常見卻很令我難過的一點，就是看到導師們把班會拿來考試。身為導師，我必須在夾縫中硬擠出時間來應付七、八個的小考，通常班上只有五個早自修可用，還要扣掉升旗的時間。用班會來考試，確實固定又好用，但這樣的安排透露了什麼訊息？「考上大學最重要，其餘的以後再說。」這樣經營班級，再久也經營不出同學的管理能力，不論是管理自己或是管理眾人。現實而諷刺的是：聯考又不考管理能力，我們還是先提高學科分數吧！你是這樣思考的導師？還是家長？或是學生本人？當老師用心培養同學的管理能力時，碰到最大的阻力就是這種「實用」想法的人。這樣的班級，股長不知如何領導同學，只好賭上自己的人緣，或凡事求問導師，心裡暗

自抱怨：「被選上股長真倒楣，忙得要死要活，卻什麼都學不到。」這樣的班級，只要歷經一、兩次大型的班際活動，通常會「自我感覺」很差：看著別班練習，羨慕別班那麼團結一致；回頭想想自己的班級，卻是一盤散沙，不堪一擊，自己又使不上力。然後就會有種駝鳥心態：「這也不是我能解決的問題。反正大家都這樣，老師也不在意。」用這種想法，很輕易地迴避掉所有的問題。時日一久（其實不用太久），這個班級的問題都被漠視，並暗地中持續發酵成整個班級的氛圍。同學非但沒有學會共同解決問題，凝聚班級共識，更嚴重地，學生漸漸變成凡事都站在一旁觀看的人，班級氣氛當然低靡。升上高三之後，同學自然而然各自打拚，甚至枉顧團體紀律、自私自利地閉門造車，亂源因此越演越烈，也越無法可治。到頭來，老師只期望時間快快流逝、班級快快畢業。

沒有一個班級是天作之合。班級傑出的表現，來自於導師和班級的靈魂人物。後者是否能脫穎而出、被委以重任，常看前者能否適切地授予權力，並給予信任及鼓勵。

為了讓班會能被有效利用，通常我的流程是這樣的：

1.各股股長報告：股長交代各項待決議或待宣佈的事項。

2.討論事項：凡整潔、秩序、教室佈置、園遊會等，皆屬討論事項。主席協同班長，或負責的股長，帶領全班同學討論、決議。書桌淨空，每人都要參予表決，票數務必與全班人數相同，沒有無意見者。表決前務求徹底溝通，表決後則共同承擔後果。

3.專題：班級讀書會（詳見第一篇　班級經營要點）或精彩短片、PPT分享。

4.檢討與回顧：每次重要活動後，我會用問卷、照片、或錄影，重新檢視活動成效並分享其中的感受。這會讓下一次活動更

盡興完美。（請參考危機處理第五章　反省與檢討）每逢期末，我會用問卷（參考附件1）讓他們評估各活動的分量與意義，用照片回到事件現場，快速檢視這個學期的經歷與成長，並預告下學期的努力目標，回顧與前瞻，讓每個學期都能有個完美並滿懷希望的結束。感受到時光消逝，同時自己也成長了，這令同學們更加重視每一個當下。當同學們有了這份自覺，他們會更審慎地運用時間規劃未來。如此，也才有可能變得成熟、獨立。

　　就在307畢業前的最後一次班會，學生把我帶到語資教室。他們要我閉上雙眼，給我一個驚喜。當我睜開雙眼，同學們兩兩搭起手臂，撐起一條時光隧道。他們領著我走過其中，帶我坐在視野最佳的位置，播放他們製作的PPT，回顧我們共同走過的兩年時光。然後我們席地坐成一個圈圈，分享對彼此的感覺。有道歉，也有感恩，說著說著哭了，哭著哭著又笑了！兩年中有誤會的在此冰釋、有成長的在此感謝、有夢想的互相期許……這是我經歷過前所未有的班級告白。那模式一如我帶他們回顧期末的方式，但效果更加倍。

　　各種班級活動之後，導師需要一段完整的時間來傳達某個重要的訊息，像是同學們因為成績競爭而產生摩擦，團隊活動中有人扯後腿。凡有人就會產生種種問題。教條式的宣導不會產生什麼效果，因為道理誰不懂呢？那只表示老師有所處置而已。懂，但是做不到，是因為體認不夠深刻。對於一個議題不講則已，一講就要切中要點、說到痛處，他們才會有感覺。可是並非每個老師都善於言詞，此時，最適合的素材之一，就是網路上常常傳來傳去的PPT（電子簡報）。例如講團結，我會播放「全球教育科學網」上的「雁行理論」，播放三分鐘，我再深入詮釋五分鐘，一個互助飛行的合作理論，就可以深化成班級的共通語言。面

對規劃未來這個議題時，我會播放天下雜誌影音館的「海闊天空——教改十年」，刺激學生深入思考自己十年後可能的人生走向。上 Youtube看父子檔Team Hoyt的短片，講人殘而不廢的精神，即使人生只剩下一扇小窗，仍有追求光明的可能。林義傑的九分鐘短片「啟動夢想，成就人生」，絕對會大大地激勵學生。網路上時常流傳的好文章、影片、PPT，都是刺激同學們思考、討論、分享的好題材。假如導師能言善道，那真幸運！假如老師不擅長精準有效地傳達想法，運用這些媒介，都可以收到事半功倍的效果。

如此開班會，你會發現班會不再是例行公式。當燈光一暗，同學們安靜下來，聚精會神，你就知道他們有多麼期待班會，你的班會就成功了！

二、不改週記

班會之後，週記是個沉澱與延伸，讓老師有機會看到同學們個別的看法。但要怎麼鼓勵同學們積極並坦然地跟老師分享，這就是技巧。批一個「閱」字，絕對會讓學生越寫越少，那等於是在告訴學生：「我根本不鳥你寫什麼！」既然如此，學生何必對老師掏心掏肺？凡是值得做的，就值得做到好。週記也是一樣。

週記最大的功用，就是讓老師知道同學們的個別狀況，並掌握班級動態，是個安全的溝通管道。學生們可以從週記得到老師對他們的看法、關懷和鼓勵。所以越是忙碌，越是要寫週記，忙碌會讓許多問題呈現出來，畢竟閒閒的生活，實在沒什麼好討論的。

關於週記的批改，我有幾項建議：

1. 別僵化內容

不要要求制式地寫國內外大事、學校大事、生活檢討等等，學生一週中發生的大事更重要。如果你一定要他們寫國內外大事，至少要告訴他們，你的用意為何，才不會只應付形式而失去意涵。同學們的社團成果發表會、慶生、男女朋友分手……這些切身的事，更能顯示出他們生活中的重心，也才更讓老師了解同學本人。當然，同學們不約而同寫了王建民勝投，導師用這個話題為上課暖場，不是更能拉近師生之間的距離嗎？

2.一定要給予回應

即時回應他們對事件的看法，並適當地溝通、關懷、鼓勵和認同。讓同學們知道你對他們的看法，對他們的心理成長很重要。如果問題大而深，則找時間深入了解，不求全盤解決（這也不太可能，但師生常有此錯誤期待，導致之後的失望。）但讓學生知道老師的關心，他們會更有力量撐持下去，因為有人懂他們的心。如果是一些學生們共同的問題，就得找時間討論、消毒、解決，例如比賽輸了之後的不甘願，老師要即時開導，化解學生的心結，別讓問題有機會醞釀放大。

觀察你的學生拿到週記時，是塞到抽屜裡，還是迫不及待地打開來看，你就知道你做得成不成功了！

3.鼓勵學生多自我表述

在事件過後，同學們總有些想法，藉由週記，讓他們寫下來，這有助於他們形成自己的思考，而不是人云亦云；如果做得好，同學們會養成深入思考的習慣，而不是事情過了就算了。老師也因此對學生們有更進一步的了解，與學生或家長談話時才更有確切的資訊。

　　讓週記成為言之有物的記錄。學期末，週記就是他們的成長記錄。

三、放棄溝通

　　榮獲美國「國家教師獎」的雷夫・艾奎斯曾說：「即使你是個身經百戰的老師，你也很難不被學生所傷。」當師生有了不快，老師感覺受了委屈，學生又不擅長表達歉意，更別說化解不快，這委屈就被忽略或壓抑了，最後形成老師對這個班級的冷漠。此時，班級成長也因此遲滯不前。當師生雙方皆輸，即使錯不在導師，導師卻一定首當其衝，傷得最重，不禁感嘆：「我本將心託明月，奈何明月照溝渠。」當師生之間共同的目標失去焦點，導師不溝通，只是按捺下來，同學們當然更是按兵不動，也跟著迴避問題。例如作弊（詳見第二篇第三章　作弊事件），老師若不好好溝通，找出癥結，給同學們正確的認知，單單只是懲戒，不會根除問題，同學們也學不會建立自我價值，也無法了解到分數真正的意義為何。一次深入的溝通，可能不會徹底解決問題，畢竟問題的形成，一定得經過一番時日，怎麼可能一朝一夕就解決？但是深入的溝通，才可能讓同學真的思考問題並從中有所學習，問題也才有可能得到改善。所有的問題不會自己變好，但置之不理，絕對會越變越糟。我一想到問題擱置後會越滾越大，就不敢不耐著性子、放下身段，好好跟學生談這個問題。之後，情形總會慢慢好轉，同學們知道老師真的很在意這件事，行為上會比較收斂，老師也才不會被無力感拖垮。

　　在這個過程中，同學們會看到老師面對問題並積極解決，而不是坐視問題，等待其自生自滅。如果他們也因此效法學習，變得更積極、勇敢，那他們就又更成熟自主了！

四、放棄希望

　　這真的很難，尤其當老師一而再、再而三地被學生所傷的時候。如我上一段所說，不放棄溝通，已不是件易事，但是不放棄溝通，才有可能互相了解。了解之後可能沒有共識，可能也找不出立竿見影的策略，但互相了解，才可能互相體諒、包容，師生關係才能有效地延續下去。當老師被傷到很想放棄希望時，其實最無力、最先放棄的，就是對這份工作的熱忱。如果教書失去了熱忱，老師不相信自己能給學生帶來成長，這份工作會變得無感，如同行屍走肉。

　　不放棄希望，才能心存祝福，對學生充滿包容與善意，相信自己的工作是很有意義的事。對這一點，我感觸很深。青少年很需要老師對他們有個別的期許和善意，尤其是常無事生非及特別安分內向這兩種極端的學生。老師對他們不應該是一對四十分之一的關心，而應該是一對一的關心。若能做到這一點，學生很難不把老師放在心上。

　　但這不代表他們會全盤接受老師的教導，他們可能就是不斷犯錯，老師還是一直盡心，說一樣的話語，學生一樣不領情。此時，說不難過、不灰心，是騙人的。不過從另一個觀點來看：如果所有現況都能因為老師而有所改進，老師未免被神化了！

　　我常常得這樣安慰自己：我教不了他，不代表沒人能教他，也不代表我不是好老師。總有我能力以外的事，他就是其中之一。也許在人生的某時某地，他會開竅，懂得我現在跟他剖析的道理。他會學到功課，只是並非現在。而我並沒有因此放棄他、挫他銳氣、澆他冷水。我還是能對他心存善意與祝福。他得自己承擔自己種下的果，我無愧於良心與職責。也許日後他成了知

名人物，回想當年的成長經歷，我不會是那個令他咬牙切齒的老巫婆。

讓他們知道，老師跟他們意見不同時，老師對他們還是心存善意與祝福，希望他們成功、幸福，他們會體諒我們的用心，知道老師在溝通無效之後使不上力，而不是對他們毫不在意；甚至他們會知道老師按校規懲處他們時，希望他們好的這份用心一直都在。如此，師生之間才能互相包容，而非懷有遺憾。

對學生的包容，也是對自己的包容。看看那些體諒你用心良苦的同學，想想自己播下的種子並沒有全軍覆沒，他們的春天還沒有到來；也許，在一片平靜中，有那麼幾顆（也許為數不少），已經悄悄發芽了！

附件1：班級期末問卷

本問卷調查僅以本班為主，　請你盡力作答，　每個人都是一百分。

1.本班這學期的重大事件有那些？請至少寫出三件。

a.＿＿＿＿＿＿＿＿＿＿＿＿＿＿＿＿＿＿＿＿＿＿＿＿＿＿＿

b.＿＿＿＿＿＿＿＿＿＿＿＿＿＿＿＿＿＿＿＿＿＿＿＿＿＿＿

c.＿＿＿＿＿＿＿＿＿＿＿＿＿＿＿＿＿＿＿＿＿＿＿＿＿＿＿

2.請寫出你心目中最希望本班能做的事或活動。

a.＿＿＿＿＿＿＿＿＿＿＿＿＿＿＿＿＿＿＿＿＿＿＿＿＿＿＿

b.＿＿＿＿＿＿＿＿＿＿＿＿＿＿＿＿＿＿＿＿＿＿＿＿＿＿＿

3.請選出你認為班上最有人緣的人（至少兩人），並略述原因或事件。

a.＿＿＿＿＿＿＿　,＿＿＿＿＿＿＿＿＿＿＿＿＿＿＿＿＿

b.＿＿＿＿＿＿＿　,＿＿＿＿＿＿＿＿＿＿＿＿＿＿＿＿＿

4.請選出你認為班上最常不合作或不配合的人，並略述原因或事件。

a.＿＿＿＿＿＿＿　,＿＿＿＿＿＿＿＿＿＿＿＿＿＿＿＿＿

b.＿＿＿＿＿＿＿　,＿＿＿＿＿＿＿＿＿＿＿＿＿＿＿＿＿

5.請選出你認為班上最認真打掃的人（至少三人）。

a.＿＿＿＿＿＿　b.＿＿＿＿＿＿　c.＿＿＿＿＿＿

6.請選出你認為班上最聒噪、愛講話的人（至少三人）。

a.＿＿＿＿＿＿　b.＿＿＿＿＿＿　c.＿＿＿＿＿＿

7.請選出你認為班上最辛苦的股長或小老師，並寫下你想對他說的話。

a.＿＿＿＿＿＿＿＿＿＿＿＿＿＿＿＿＿＿＿＿＿＿＿＿＿＿＿

b.＿＿＿＿＿＿＿＿＿＿＿＿＿＿＿＿＿＿＿＿＿＿＿＿＿＿＿

c.＿＿＿＿＿＿＿＿＿＿＿＿＿＿＿＿＿＿＿＿＿＿＿＿＿＿＿

8.請選出你認為班上最認真念書的人（三至五人）

a.＿＿＿＿＿＿＿＿＿＿＿＿＿＿＿＿＿＿＿＿＿＿＿＿＿＿＿

b.＿＿＿＿＿＿＿＿＿＿＿＿＿＿＿＿＿＿＿＿＿＿＿＿＿＿＿

c.＿＿＿＿＿＿＿＿＿＿＿＿＿＿＿＿＿＿＿＿＿＿＿＿＿＿＿

9. 請選出你認為班上最值得你學習的人（三人），以及他值得你學習的地方。

a.＿＿＿＿＿＿＿＿＿＿＿＿＿＿＿＿＿＿＿＿＿＿＿＿＿

b.＿＿＿＿＿＿＿＿＿＿＿＿＿＿＿＿＿＿＿＿＿＿＿＿＿

c.＿＿＿＿＿＿＿＿＿＿＿＿＿＿＿＿＿＿＿＿＿＿＿＿＿

10. 若有人可以和你一起K書研討，那個人會是誰？（三人）

a.＿＿＿＿＿＿　b.＿＿＿＿＿＿　c.＿＿＿＿＿＿

11. 請選出你所認為班上的強者。

a.英文＿＿＿＿＿＿＿＿　　b.數學＿＿＿＿＿＿＿＿

c.國文＿＿＿＿＿＿＿＿　　d.歷史＿＿＿＿＿＿＿＿

e.地理＿＿＿＿＿＿＿＿　　f.化學＿＿＿＿＿＿＿＿

g.生物＿＿＿＿＿＿＿＿　　h.地科＿＿＿＿＿＿＿＿

12. 一學年以來，你自認那個科目的功力突飛猛進？進步原因何在？

a.＿＿＿＿＿＿　，＿＿＿＿＿＿＿＿＿＿＿＿＿＿＿＿

13. 一學年以來，你自認那個科目最須加強？原因何在？

a.＿＿＿＿＿＿　，＿＿＿＿＿＿＿＿＿＿＿＿＿＿＿＿

14. 學期末了，你有何遺憾或感想？

＿＿＿＿＿＿＿＿＿＿＿＿＿＿＿＿＿＿＿＿＿＿＿＿＿＿

＿＿＿＿＿＿＿＿＿＿＿＿＿＿＿＿＿＿＿＿＿＿＿＿＿＿

＿＿＿＿＿＿＿＿＿＿＿＿＿＿＿＿＿＿＿＿＿＿＿＿＿＿

15. 有什麼要向Sandra交代，懺悔或爭取的嗎？

＿＿＿＿＿＿＿＿＿＿＿＿＿＿＿＿＿＿＿＿＿＿＿＿＿＿

＿＿＿＿＿＿＿＿＿＿＿＿＿＿＿＿＿＿＿＿＿＿＿＿＿＿

＿＿＿＿＿＿＿＿＿＿＿＿＿＿＿＿＿＿＿＿＿＿＿＿＿＿

　　收回之後，我會統計票數，除了第四、六題之外，都會公開所有的統計票數。我會裁下第十四、十五題，留待下學期填寫問卷前後，當成「時空膠囊」發給同學們，以印證同學的成長們。我會準備一張漂亮的卡紙，對折成卡片，在一面上寫著THANK YOU和YOU ARE EXCELLENT，將第七、九題裁成一條條的，貼在卡片內頁，送給同學們心目中最辛苦的股長或小老師，和最值得學習的人。這對他們是最大的肯定。這些統計票數和卡片製作，老師只要清楚說明，交由同學們來做即可。當然，如果能給予協助的同學們一點小小的感謝，會更貼心。

第二章

四兩撥千斤

　　每個導師各有特質，也各自應用自己的祕技掌握學生動態。學校行政指定交辦的常常只是學生事務的基本處理而已，面對特質多元的學生，老師必得巧妙運用口袋祕技，這也是老師們私下交流時，我最感興趣的部分。若遇見手法高段的老師，能偷學上一手，就功力倍增，省下不少帶班的心力。這章列出的是我最常用的四個小訣竅：

　　一、建立個別關係。
　　二、寄送家長信函。
　　三、施打預防針。
　　四、沉澱與充電。

一、建立個別關係

　　看似費力、但其實省力的方式，就是第一項：建立個別關係。在每班四十位同學左右的班級裡，每位學生是被當成一個個體，還是四十分之一個班級成員看待？回想我們成長的過程中，我們對特別照顧自己的老師，是不是特別心存感激？知道老師相信我們一定能達成心中的目標，是不是讓我們充滿力量？沒有建立個別關係，學生們怎麼感受到特別照顧，或知道老師對他們的信任？

　　師生關係中，老師主動比學生主動來得容易。老師是師生關係中的靈魂人物，讓學生感受老師對他們，是一對一或一對四十

的關心。希望學生聽老師的規勸，光憑權威或四十分之一的「官方關係」不一定能見效，但有了良好的個別關係所帶來的信任感，老師的忠告比較能夠柔軟地進入人心。

有一些認真帶班的導師，在新班級一開始時就給學生填寫基本資料表（參考附件1）。這是個很棒的方式，告訴學生你在意他們，你想要了解他們。但填寫完基本資料表後，師生互動才正要開始。透過週記、股長職權、班會、上課到走廊上的寒暄，學生都能感覺到你對他們的看法。除此之外，我每學期都會安排一次個別晤談，利用午餐或午休時間和學生個別聊聊他們的近況、性向和擅長的事、夢想科系，甚至是我對他們的看法或擔憂，但通常是積極的期許居多。我尤其重視高一下的個談，確定學生正確地選組；還有高二下的個談，督促他們審慎思考日後的推甄科系選填。因為高三上的十月份，通常就是各校校內推甄初選的時間，在做選擇前，督促學生想清楚，用很多「為什麼」逼著學生將自己的想望交代清楚，甚至讓他們發現自己選系理由薄弱，說的和做的完全悖離。自己發現比被老師指出來效果更好。當學生告訴老師想上優質大學，但眼前卻只會混社團；想上生技科系，但生物還被當；想念建築，卻一點精細謹慎的模型細節都做不到；想教書卻表達能力很弱、躲避上臺發言……學生的當下，影響著他們的未來，個談可以讓他們學著如何利用當下，構築他們所想要的未來，導師的問題是個引導，不是解答。這般針對個別差異來引導學生，不是課堂集體的輔導所能達到的。

在我發現個別晤談功效之前，我都透過週記。但是週記是各自單向的陳述，無法即時辯證，也難清楚、完整的表達，所以我才開始安排個別談晤，以期深入溝通。剛開始很花時間，後來就覺得很容易掌握學生的狀況，以致班上少有大風大浪，同學也更

容易接受我給的意見。學生畢業前夕給我的許多回饋當中，都告訴我，他們很幸運能被老師「看見」，甚至「看重」，讓他們對自己很有信心。學生的個別差異很大，團體的輔導和啟發一定效果有限，很難指望學生能有什麼突破個人極限的表現。在個別晤談中，我聆聽他們，並且很認真地告訴他們，我認為他們應該去做哪些嘗試。我鼓勵安靜順從的同學，多把握報告、擔任股長或小老師的機會，才能多些處理眾人之事的經驗；我提醒活動太多的同學，善用零碎的時間，並完整地記錄活動經過，作為日後推甄面談的資料，並且臺上、臺下要一樣精彩；我鼓勵只出主意的幕僚型同學，試著站出來獨當一面。拍拍他們的肩膀，真誠的期許可能給同學們帶來新的觀點、信心和力量。這是我之所以說個別晤談「看似費力，但其實省力」的原因。

二、寄送家長信函

　　和個別晤談一樣，家長信函也是個防範於未然的方法，避免家長不來學校則已，一來就是「代誌大條」。但寫信是件麻煩事，不是人人都擅長拿筆，此時我建議老師定期讓同學們撰寫「班級大事記」，並附上意見欄（參考附件2），讓家長知道班級狀況及重要決定的時間點，例如轉組期限、校內推甄初選。甚至看到自己的孩子在班上有何表現，慶生？上臺報告？領了什麼獎？意見欄則讓老師知道，哪位家長必須個別電話訪談，如此可避免對事情的看法差異太大，導致誤解長久累積。「班級大事記」可參考週記內容來編寫，這也是記錄班級成長的一種方式。

　　我是個愛好文字的人，所以我選擇撰寫家長信函，在每次月考後，連同成績單一起寄出。信函中分析成績狀況、各科任老

師評估成績表現、重要事項提醒、班級大事記和意見欄。家長若由英文老師評估得知，抽考成績平均低落是因為按學測題型出題，並且範圍遍及全冊，家長會多一點體諒。提醒家長多看全校排名，放大競爭環境，別老只是要求孩子要考全班前三名，也知道排到全校最後五十名，比全班最後五名來得事態嚴重（本校全年級約五百五十人）。一分努力或一分鬆懈，在全校排名中都會引來更大的變動，學生也比較不會拿班上同學作假想敵。家長不一定看得懂成績單，題目難易不一，八十分所代表的意義也不一樣；不能只一味地要求學生不斷進步，有時少輸為贏。老師的專業評估讓家長心安，他們也能確定老師的用心和對班級的掌握。

我們怎麼能什麼都不做、不說，然後期望家長信任我們老師的帶領？

每次同學們將家長信函帶回家之後，都會有一些家長填寫意見欄，反映他們的問題或給予鼓勵。提出問題的家長，在我以電話回覆後，就解決了他們的疑問，而鼓勵的回條，總帶給我更大的動力。我很慶幸一路以來，我沒碰到難纏的家長，不過我想，也是因為我總是積極地溝通，所以家長就不太會質疑我吧。

三、施打預防針

意識到時間不斷地流逝，學生會更把握當下：知道未來有什麼可以展現的舞臺，學生會更積極地掌握上臺的機會，包括儲備實力，以求好好展現。讓學生為他們想做的事做好心理準備、儲備實力，並全力爭取表現的機會，如此才能盡全力發光發熱，沒有遺憾。

我把這叫做「施打預防針」。

　　學期初拿到行事曆時，我一定會帶著同學快速瀏覽一遍，標出期中考的日期、說明大型活動需要哪種才能的同學負責，並鼓勵同學們主動報名個人的比賽，例如英文、國文演講、作文比賽，甚至民歌比賽。我告訴他們這學期的節奏以及學習重點，引導學生主動安排事件發生，而不是被動地接受事件發生，更不會有：「啊！時間怎麼過得這麼快！」那種來不及掌握、和機會擦身而過的遺憾。

　　在活動事件上，我更會「施打預防針」。面對大型的比賽，主事者可能求勝心切，但班上同學們參與熱度不一，遇到借課或利用假日練習時，摩擦就產生了。這也是同學們要學習的事項之一。我會在活動籌辦之前，就先分享去年學長姐的經驗或精彩表現，同時預告可能發生的不快和衝突，以及同學應具備的心態。尤其我會和領導的同學叮嚀不要犯下的大忌，像是練習太頻繁，導致同學麻痺了；練習前要心戰喊話，練習後記得感謝同學們的配合；練習後的檢討要切中要點，以求改進，切忌長篇大論，像在說教。通常預告的事情會一件件發生，就算不在本班發生，也會在別班發生，同學們會更明白該如何處理。可能的話，更深入體會活動的意義與所得。我也會預告，輸了要如何，贏了又該怎樣，免得輸了之後，就全盤否定班級的努力；或贏了就驕傲，惹來其他班的眼紅。學著優雅地面對輸贏，活動的意義才會倍增。

　　其實每次競賽，在還沒比之前，我都會煩惱：若比賽失利，如何即時給同學們安慰？每次方式都不一樣，但都一樣傷腦筋。

　　順道一提，漫畫《灌籃高手》中有不斷的輸贏。老師可以利用適合的橋段，和同學們分享，給他們打氣，效果出忽意料地好！

　　另外，老師應該在高二下就預告高三的生活節奏，模擬考、校內推甄初選、學測等重要時間點，好讓同學珍惜當下活動的機

會，並留下記錄供日後使用，高三時才不會有玩得不盡興的遺憾，也才能定下心來，因為「那美好的仗我已打過」。高二要慢慢構築未來的藍圖，讓夢想強化動力。別讓高二的精彩嘎然而止，留下高三的迷茫。表面上，高二是盡情發揮的一年；心態上，卻是沉穩扎實，為高三蓄積實力的一年。唯有清楚高中三年每一年學習的目標，才能環環相扣，達到應有的學習成效。「施打預防針」讓學生不錯失每個環節，讓每個階段的學習做到最好。

四、沉澱與充電

我很喜歡一個父與子的故事，關於一個爸爸如何教他的孩子控制他的火爆脾氣。他告訴孩子，每次當他發了脾氣、說了傷人的話或做了傷人的事，就在籬笆上釘一根釘子。兒子一天天用釘子記錄他每天發脾氣的次數，也漸漸學會控制自己。有一天他告訴爸爸，他已經一個禮拜都沒有釘釘子在籬笆上。爸爸說：「從今天開始，你只要成功地忍住衝動、不發脾氣，你就拔掉一根釘子。」於是兒子照著爸爸的話做，直到有一天，他籬笆上的釘子全都拔得一根不剩，他又來找爸爸。爸爸陪著他走到籬笆前，對他說：「看啊！兒子。釘子雖然都拔掉了，但那些釘痕卻永遠留在籬笆上。傷人的話語，也是這樣永遠留在人心上啊！」

有時，我覺得自己就像那滿是釘痕的籬笆。如果我夠聰明，就該像那位有智慧的爸爸，讓釘痕成為一種學習、一種深化的教導，而不只是受傷的痕跡。我甚至認為，隨著教書時日越久，釘痕所呈現的，正是我最脆弱、最需要強化的弱點。我必須理解，有些學生開竅的時間還沒到，或者我種在他們心裡的種子還不到發芽的時候，更或者，我根本無法切入他們的內心，理解他們到

底想要什麼,那我都應該要能放下學生,也放過自己。這些釘痕,有些是學生釘的,有些是我自己留下來的。如果我懂得調整自己,這些釘痕就有可能構成線條、圖案,一幅我為人師表的圖案。那麼,即使所有傷人的釘痕都不可避免,每個點都會是美麗圖案的一部分。

這是當老師的堅強與智慧。

可是我並非永遠冷靜、充滿智慧。幸好我有許多教育界的前輩,可以作為我人生路上的明燈。以下是惠我良多的書籍,相信它們也會指引你:

1. 《種籽手記》李雅卿著,遠流出版
2. 《北政實驗手冊》李雅卿著,遠流出版
3. 《從森林小學到椰林大道》史英著,遠流出版
4. 《十個與孩子的重要對話》施慕禮・巴迪奇著,天下出版
5. 《全美最好的老師》雷夫艾奎斯著,高寶出版
6. 《第56號教室的奇蹟》雷夫艾奎斯著,高寶出版
7. 《自由寫手的故事》艾琳古德威著,天下出版
8. 《街頭日記》艾琳古德威著,天下出版
9. 《優秀是教出來的》隆克拉克著,雅言出版
10. 《愛,上課》阿倫老師著,寶瓶出版
11. 《我的資優班》游森棚著,寶瓶出版
12. 《我是被老師教壞的》吳祥輝、吳培倫著,寶瓶出版

山佐的帶班手記

附件1：學生基本資料表

_____／綽號_____的小檔案　座號：___原一年__班 生日：_____

家裡電話：_____　手機：_____　上下學方式：_____

地址：_____

家中成員：爸爸：_____任職：_____管教方式：_____

　　　　　對我的期待：_____

　　　　　媽媽：_____任職：_____管教方式：_____

　　　　　對我的期待：_____

（兄姐）____：____任職／就讀：____／___：____任職／就讀：_____

（弟妹）____：____任職／就讀：____／___：____任職／就讀：_____

家中經濟狀況：_____　每月零用錢：_____（有，無）打工_____

我最擅長的科目：_____簡述原因：_____

我最喜歡的科目：_____簡述原因：_____

我最頭痛的科目：_____簡述原因：_____

我最厭惡的科目：_____簡述原因：_____

我選擇第一類組的原因：_____

我大學想念：（文，法，商，管理，藝術，餐飲）學院 的 _____科系

　　　　　或（文，法，商，管理，藝術，餐飲）學院 的 _____科系

　　　　　或（文，法，商，管理，藝術，餐飲）學院 的 _____科系

我心目中最期望自己成為的樣子：_____

_____

_____

_____

	擔任幹部或小老師	感想或心得
高一上學期		

高一下學期		
高二上學期		
高二下學期		
	參加過的比賽	感想或心得
高一上學期		
高一下學期		
高二上學期		
高二下學期		
	參加的社團	感想或心得
高一上學期		
高一下學期		
高二上學期		
高二下學期		
對高一學校生活的感覺		
對高二學校生活的期許		

註：感謝佩儀老師提供資料

附件2：207八、九月大事記

8/01	(1)新207成立，重新洗牌。新、舊成員分別為十七、十三位。 (2)臨時幹部出爐，執掌班務。
8/18	觀賞紀錄片《在黑暗中追夢》，同學頗受激勵。
8/23	各類組辦理轉入、轉出，成員小幅變異，三十位班底終於底定。
8/29	(1)註冊。 (2)Ruby（孟晴）正式擔任207班長，有效地主持幹部選舉會議。 　　各股長以自願方式決議，總計十一位股長，其中最辛苦的環保 　　股長、衛生股長最先被認領，會議效率高且氣氛和樂。
8/30	開學，正式上課。
8/31	泰利颱風來襲，放假半天　　9/1　泰利颱風來襲，放假一天
9/2	Sandra教過的八位男同學大駕光臨207，分享大學生活心得，同學 聽得津津有味，對大學生活多了一份了解。這八位學長的介紹和 引導，讓同學仔細思考商學院、管理學院、工學院等之課程。
9/6	207班級書單出爐，每人一學期至少閱讀十本。宣佈之初，同學倍 感壓力。經Sandra解說讀書單的用意，激勵同學提高自我期許， 化壓力為動力。
9/8	文學講座列車開動：系列講座(一) 中興大學外文系陳建民教授 ——希臘羅馬神話，同學全神貫注，收穫豐富。
9/9	因清中承辦大型座談會，眾多校外貴賓蒞臨，本班外掃區同學辛 勤打掃，使外掃區廁所亮麗一新。但座談會結束後，卻遭到嚴重 破壞，207同學首次見識到此一不可思議的破壞力量。　＊辛苦外 掃區的同學們和Irene（妙卿）了。
9/12	(1)國文抽考。 (2)英文傳記寫作《拉斐爾傳》。
9/12～9/16	全班秩序嚴扣分，很有可能必須被罰中午靜思不得午睡。207陷 入一股危機意識中。
9/19	英文抽考
9/22	班會時舉行第一次讀書會報告，由Irene、Judy、Amy報告。三位 同學（妙卿、湘瑜、孟慧）報告得很用心、很動人，在短短的 三十分鐘內，讓三十位同學快速掌握三本書的精華，展現其效率 與品質。
9/27	Ruby（孟晴）、Peggy（佩綺）在升旗時間為清中敬師活動上臺 作相聲表演。Ruby用臺語、Peggy用英文，進行四分鐘的演出， 贏得全校熱烈掌聲。

第三章
危機處理

　　班級是個有機體，同樣的問題在不同特質的學生身上，應有不同的處理方式，不過目標和原則是一樣的：讓學生從事件中看到應學的功課，以期下次類似事件發生時，能更有智慧地面對。有些問題是可以預期的，導師不妨先有所預備，或事先提醒，做好「打預防針」的工作；有的需要深入分析情理，改變學生的認知結構，才可能改變他們的行為。雖然獎懲都有助於改變行為，但效果能維持多久，令人存疑。本篇中的一些書信，是我和學生說理的方式，提供給大家作為參考。

一、長假計劃表

嗨，207：

　　充實的寒假需要完美的事先計劃，請填下你預計在寒假中完成的大事，開學時我們再一同看看，我們的美夢完成了多少。

　　下列是我的建議，在你計劃之前，請你參考參考！

文藝類

1. 花一個下午，好好逛一逛誠品書局。（極力推薦中友C棟10樓，藏書較多。）
2. 精讀平生第一本英文小說 Brave Heart。這也是寒假作業之一。
3. 逛一逛敦煌書局（科博館前那家），享受一個書香的午後。
4. 讀二至三本和自己的興趣及未來想念的科系有關的書籍。

休閒類

1. 和好朋友出去走走,聊聊天,整理一學期來的感覺,也計劃下學期的方向。
2. 盯緊HBO、CINEMAX、SUN MOVIE,不花錢地看幾部好電影。
3. 去東海大學、中興大學或任何一間大學走一走,先做一下大學夢。
4. 到高美溼地一遊,趁候鳥還沒全飛走之前。
5. 聽一片很棒的英文CD,並學其中幾首英文歌曲,要能不看歌詞就會唱才算數!

用功類

1. 努力一點,復習數學武功祕笈第三冊,免得下學期太難看。
2. 認真一點,復習英文葵花寶典第三冊,練就一身高超的英文功力。

So,請寫下你的計劃、大名,Sandra 將替你留下檔案備查,咱們開學再來個「大體檢」。

My Super Plan for This Winter Break

1._____
2._____
3._____
4._____
5._____
6._____

二、作弊事件

親愛的同學們：

　　這封信是我痛定思痛之後的決定，我想好好跟你們談談誠信的問題。

　　請問，開學至今的各種小考中，你有沒有作過弊？

　　這好像不是一次、兩次的初犯了。當我發現時，就一直思考該怎麼處理這件事。是按照老方法，送教官室記過？還是找爸媽來，告訴他們，你在學校作弊，好叫他們傷心並萬分難堪？我想請問：你真的覺得沒有人知道你作弊嗎？你真的認為你只是一時沒準備完，所以先應付一下，下一次你就不會這麼做了嗎？你真的覺得這只是你個人的私事，完全與他人無關嗎？

　　你真的想當一個靠作弊得到成績的人嗎？

　　作弊的誘惑隨時存在，監考、交換改考卷、抓到教官室記過，都不是解決的方法。能解決作弊問題的，只有個人和班級的力量。You are what you do. 你的作為決定你的為人。你選擇作弊，你就是個作弊的人。事情就是這麼簡單。你不能把過錯歸咎於考試太多讀不完、壓力太大、考不好爸媽會罵、沒有老師監考等等。考試的分數就是真相；不能坦然面對成績而假造成績，就是不敢面對真相。人生的考驗有千百種，考試還算好應付的一種。若你連自己有多少實力都無法誠實面對，只想造假，圖一時便宜，日後你要如何面對真實社會更高深莫測的難題？夜深人靜時，你怎麼看待你自己？若你連自己都無法真實面對，這一生要花多少心思製造假象來欺騙自己？說了一個謊，必須用多少個謊來圓？

　　作弊的誘惑隨時存在，但你絕對有權利選擇不作弊。好比買完東西，糊塗的店員該找你一百元卻錯找成六百元，你要默不作

聲地收下那多出來的五百元？（反正是店員找給我的，又不是我搶來的！）還是退回那五百元？You are what you do. 你怎麼做，就等於告訴別人，你是怎樣的人。這不是店員找錯錢的問題；這是個人的誠信問題！

身為一個老師，我希望我能相信，我的學生都是好孩子。我不願看著一份考卷，心裡卻猜測：「這是真實的分數嗎？」我不願在校園裡遇見這位學生，心裡卻想著：「他就是那個作弊的學生。」作弊的學生會不會閃躲老師的眼神？若是老師對他的作弊行為心知肚明，作弊的學生難道不會心生罪惡，畏畏縮縮，不知怎麼坦然面對老師？如此一來，師生心中都懷著疙瘩，短則一年，長則三年，甚至到畢業後，在街上偶遇，都是如此。這一切，只為了一時的成績假象，值得嗎？告訴我，你希望別人看著你，心裡想的卻都是這些疙瘩嗎？

沒有人會去做他認為錯的事。學生會作弊，是他在某一個點上把作弊合理化了：我只是昨天來不及讀；我偷瞄一題就好了；我只是少寫一個字母而已，不該算全錯；我只差兩分就及格；又不是只有我，別人也這樣做過……灰色地帶越變越大，原諒自己的彈性也就越來越大。這些錯誤的行為被合理化之後，絕對會一而再、再而三地重複，只要時機適當。藉著作弊而嘗到甜頭的人，下一次一定不會錯過這個甜頭；別人看了，也會想來嘗一點甜頭。當大家都只想嘗甜頭，不願扎實地讀書，這會變成一個怎樣的班級？你喜歡這樣的班級嗎？錯事就是錯事，沒讀就是沒讀，你必須要誠實面對。這事的對錯是鮮明而絕對的，你應該要能堅持做對的選擇。

再則，我想談談班級的力量。面對少數作弊的人，你有何看法？你是心中鄙棄，卻沒有任何作為？你有沒有一點見義勇為的

力量？請別當個老好人，只怕得罪人，連指出錯誤的道德勇氣都沒有。團體的風氣就是在這種姑息之下日漸敗壞的。一旦敗壞已成風氣，挽救就得花上加倍的氣力。班級輿論是勝過法規制裁力量的。讓作弊的人知道，大家不會對他的行為視而不見，站出來告訴他、告訴老師，我知道這不是真正的分數，他就不會輕易干犯。班級是一個團隊，請珍惜團隊的榮譽，營造一個高品質的團隊，你的能力也將因為團隊而得到提升。這叫「雙贏」。真正聰明的人，懂得創造雙贏。

　　知識就是最大的獎賞，但坦蕩的人才配領賞。當個聰明且真正領賞的人吧！

Sandra, Oct 1, 2007

*以下附註選文，選自網路文章

一句話一輩子

　　前些天，在一個名為「財富人生」的電視訪談節目中，嘉賓是一位當今頗具知名度的青年企業家。當節目漸近尾聲時，按照慣例，主持人提出了最後一個問題：「請問，你認為事業成功的最關鍵品質是什麼？」

　　沉思片刻之後，他並沒有直接回答，而是平靜地敘述了這樣一段故事：十二年前，有一個小伙子剛畢業就去了法國，開始了半工半讀的留學生活。漸漸地，他發現當地的車站幾乎都是開放式的，不設驗票口，也沒有驗票員；甚至連隨機性的抽查都非常少。憑著自己的聰明勁，他精確地估算了這樣一個機率——逃票而被查到的比例大約僅為萬分之三。他為自己的這個發現而感到沾沾自喜，從此之後，他便經常逃票上車。他還找到了一個寬

慰自己的理由：自己還是窮學生嘛，能省一點是一點。四年過去了，名牌大學的金字招牌和優秀的學業成績讓他充滿自信，他開始頻繁進入巴黎一些跨國公司的大門，躊躇滿志地推銷自己。然而，結局卻是他始料未及的——這些公司都是先對他熱情有加，然而數日之後，卻又都婉言相拒。真是莫名其妙。

最後，他寫了一封措辭懇切的電子郵件，發送給了其中一家公司的人力資源部經理，煩請他告知不予錄用的理由。當天晚上，他就收到了對方的回覆——

陳先生，我們十分賞識您的才華，但我們調閱了您的信用記錄後，非常遺憾地發現，您有三次乘車逃票記錄。我們認為，此事至少證明了兩點：

1.你不尊重規則。

2.您不值得信任。

有鑑於此，敝公司不敢冒昧地錄用您，請見諒。

直到此時，他方才如夢初醒、懊悔難當。然而，真正讓他產生一語驚心之感的，卻是對方在回信中最後摘錄的一句話：

道德常常能彌補智慧的缺陷，然而，智慧卻永遠填補不了道德的空白。（但丁）

第二天，他就啟程回國了。

故事講完了，電視中出現一片沉寂。

主持人困惑地問：「這能說明你的成功之道嗎？」

「能！因為故事中的年輕人，就是曾經的我。」他坦誠而高聲地說：「我能夠走到今天這一步，是因為我將昨天的絆腳石當成今天的墊腳石而已。」

現場頓時掌聲如潮。

人生總是複雜，道理卻相對簡單；更多的時候，一句話一輩子。

三、降低標準

Dear 207,

　　今天班會結束後，我感覺不太舒服，憂心大過於生氣，覺得自己需要重新調整焦距，才不會因為深切的關懷與期待而看不清楚事實。

　　今天讀書單出爐後，我要求每人每學期讀十本，並利用班會報告。我看了你們的反應，隱約覺得：不是每個人都有心要突破、要創造的，於是我得修正自己的要求。但我修正後，還是有人不滿，還是覺得很困難、有壓力。那我是不是要再修正？修正到何時，才會沒有壓力、完全沒有困難？事實是：沒有要求，才會完全解除壓力！所以，我不該有任何要求囉！

　　我鄭重地告訴你們：我對你們每一個人、對207，有許多期許，我的每個期許都是一輩子的事，不是成績的問題而已。我希望在與你們相處的這兩年裡，會是你們思考激盪最大的兩年，在激盪之後，沉澱出最精華、最穩定的品質，讓你用這份優質，走你接下來的人生歲月。我希望你的一輩子精彩、豐富、有意義！

　　但我只有兩年。只有兩年，怎能不心急？怎能不叫你快跟上來，別再東張西望了！

　　只是，不是每個人都能體會我的心急！不是每個人都願意快步趕路的！一支三十人的隊伍，如果每個人步調不一，我這身為司令官的，能容忍隊伍拉多長？我想來想去，只有把我的方向、目標及原因告訴你們，讓你們了解，你們才會加緊腳步、調整自己，讓三十個人整合成一支精兵。假如一個人不願意走，我是不可能背著他走完全程的！

　　自發是最大的動力，且無可取代。

　　我聯想到這個週末我的大挑戰——泳渡日月潭，三千三百公尺。這個夢想，我想了兩、三年，一直不敢付諸實行。一來是因為這件事不是非要完成不可；二來孩子還小，我擔心其中的風險；再說，來日方長，何必急於一時？就在今年剛截止報名後，我先生才和鄰居提到此事。鄰居看我們說得一副可惜得搥胸頓足的樣子，於是大顯神通，利用個人關係，硬是幫我們報了名。這下真的不能不去了！於是我們乖乖地、開始認真累積游三千三百公尺的能耐。

　　報名的隔天，我就足不沾地，游了兩千一百五十公尺；三天後，拼到三千兩百公尺，人累到手腳像廢了一般！最困難的是，要保持實力，所以我一直沒敢放鬆。在這之後，我很篤定一件事：不管我能否順利泳渡日月潭，以後只要我下水，一定至少游兩千公尺才會上岸！這和我以往只游一千公尺比起來，是雙倍耶！而這，以後會成為常態喔！

　　你們說，沒報名泳渡，我會找機會突破我的個人極限？會知道自己有此能耐嗎？

　　教207，就像是我報名日月潭泳渡！我沒有想過自己要游三千三百公尺，但報了名，我就是得游過去！如果我對自己的要求，從三千三百公尺，降到兩千五百公尺，再降到兩千公尺、一千五百公尺、一千公尺……那我還報個什麼鳥名？這泳渡對我還有什麼極限可言！假如一切輕輕鬆鬆、唾手可得，我根本不需要突破什麼！這泳渡又有什麼意義？

　　所以今天在班會上，我才會說：「降低標準，是你們最大的損失。」

　　想要成就不一樣的高中生活，你們就得拿出魄力與決心！把一天當兩天用！隨著你們日漸成長，要學、要面對的，只會越來

越深奧,越應用心去思考!你們怎能期待用一如往常的勁道,就有破紀錄的表現?

回想起暑期輔導、開學到今天,跟高一的生活相比,你在207是否感受到學習的密度變扎實了?如果是,我要恭喜你!如果不是,你得擔憂了──你根本沒有上軌道!再拖下去,你就要脫隊了!我期望的是:當你們第一次月考完,回顧九月份,當你們放寒假時,回顧二上,或者明年七月,回顧207這一年,你們會覺得你們做了很多嘗試、體驗到很多成長,像蛻皮一樣,變得更有深度、更成熟,對人生更清楚自己的方向!那才是我現在為之努力的原因!

貴芬老師提醒我不要急;好同事提醒我,盡力就好!我會調適自己的心態和做法,但是請你們切記:兩年之後,我會對你們說再見,把你們這些練飛已久的賽鴿放出去,你們將各自尋找自己的天空。屆時,你們是早已辨出方位、自由飛翔的白鴿?還是自願留在鴿籠,只求人餵養的菜鳥呢?

希望你們都有自己的答案!祝前程明亮!

P.S.再告訴你們:207不是天生優秀,而是後天努力,目標明確,勇往直前!

四、落選的安慰信

Dear Betty, Cindy, Nancy, Angel, Rita:

早自習投票完,這是計票後的結果:

English Speech		English Composition	
Amy Hung – 27	Betty – 13	Tina – 25	Jill – 21
Christine – 14	Cindy – 10	Angel – 11	Rita – 6
Ellen – 22	Nancy – 1	Amy Hsi – 24	

很抱歉，必須告訴你們，我們下次再一起努力，好嗎？這個學期，讓我們再多加充實自己、儲備實力吧！

然而我還是要很明白地對你們再說一次：你們已經贏了第一步了。因為你們自願參賽，讓我看到你們想突破自我的企圖心。能由自己內心萌生動力且身體力行，挺身而出，角逐參賽名額，你們已經踏出成功的一步，不，是兩大步了！我為你們大聲喝彩。

Betty，你以一票之差落敗，雖敗猶榮。Cindy，你能勇於嘗試，這是自信心的一大來源。Nancy，你的突破最令我欣喜，這是極具象徵性的邁進。Angel，我相信你對英文的喜愛不會因此而減少，反之，你會更加努力。Rita，你一向樂觀、開朗，這次又讓我看到你的勇氣，感覺真好！其實漫長的人生，這只是個很小的環節，可以說是微不足道。但我要一而再、再而三地告訴你們：你們若不主動爭取第一次，你們什麼時候會有第二次、第三次？人生的贏，重要因素之一，是我們主動迎向挑戰，而非被動地接受。主動、選擇、負責、欣賞自己的作為！你們做得很好。如此，即便你們畢業了，我不在你們身邊，我也不擔心你們會少了人生的體驗和見識。更無須擔憂你們會膽怯！你們這一步踏得很好！

You are my good girls！

Love

Sandra Feb.17.2006

五、啦啦隊比賽反省與檢討

Dear 207,

啦啦隊比賽終至尾聲，隨著最後一個隊伍下場，我們心裡也清楚：這耗時已久的班際活動，不論投入的心神多少、不論其中

喜怒哀樂有多少、不論成敗如何，今天慶功一過，就要收拾所有心情，興奮的、尖叫的、回憶的、難過的、落漠的……飽飽地睡了一覺過後，就要重新回到生活的正常軌道，好好運轉下去。週四升旗時公佈名次，那只是一個「官方」數字。不論結果如何，我肯定你們一路走來付出的心血；不論結果如何，我都當207是我手中捧著的寶貝，我愛你們。

看到你們的投入、流汗、舞動與吶喊，都讓我心思為之起伏，心疼你們辛苦的汗水、疲累的肢體、上課硬撐的眼皮，很想再開口說點什麼，但我還是決定讓你們盡情地揮灑到活動落幕！這是你們的舞臺。

當一個導師最難為的，是忍住自己的能力和善意，去介入、甚至主導班級的活動。我希望這啦啦隊比賽，從頭到尾是一個完整的學習經驗，成功是學習，失敗也是學習；自信滿滿是學習，對自己有疑慮也是學習。我可以在每個時間點切入、主導，然後放手，再插手、修正、放手、插手……但我很高興，你們用自己的能力，從頭到尾把活動辦完，你們證明自己辦得到，也做得很好。我則慶幸自己，用強而有力的心臟忍住了介入。這原汁原味的成就，是屬於207每一個人的。這是最值得驕傲的地方。

當導師第二為難的，是要叫你們節制，把你們從很High的情緒中拉回來。所有的活動都是插曲，穿插在高中生活的主軸裡。要記住：你們的本分在哪裡，主軸就在哪裡。活動之必要，是因為它是EQ的學習，是生活的精彩、是學習的調劑；課業之必要，是為未來的發展鋪路、準備，是爭取個人更上層樓的機會。如果說高中生活像一條項鍊，比賽、活動、表演就像項鍊上五彩的珠子，讓你們的高中生活繽紛絢爛，課業就是串起項鍊的絲線，沒有線，絕對串不成美麗的珠鍊。我希望你們要懂得這任何的一動一靜，都是高中

生活的學習。207的同學們！High過之後，請以最快的速度奔回生活的常軌。啦啦隊比賽結束了，明天又是一個全新的開始。

屬害的學生，動起來亮麗青春，靜下來蓄勢待發，為下一個舞臺，期許自己當一個「靜如處子，動如脫兔」，動靜皆宜的全方位高中生！

你們是我心裡最亮眼的明星！

Sandra於你們練習時，2005.10.18

六、校慶後的降溫

摯愛的207：

今天午休，我去教室看了你們。最近這兩、三週紛紛擾擾的事務，我自己的、月姿老師的……我發現我有了一項改變：以前當我在學校很不快樂時，我會很想去幼稚園找群群和芳芳；現在，我變成很想去207找你們，看看你們、和你們說說話。今天午休，我看到你們都很累、很辛苦，看得我很心疼。本來不打算再說什麼，都晚上十點多了，我覺得我還是要透過信紙，和你們說說心裡話。

我知道為了合唱，你們被罵得很慘！曲子很長、進度很慢，老師又心急……負責人之一孟慧哭兩天了！時間永遠不夠用！中午要比拔河，十一點多卻還沒弄好名單！大家積極參加趣味競賽，卻沒有時間可以一一搞定！英文課要演戲，卻找不到時間排戲。校慶結束，又要借課練歌。五月五日有五個人要去比賽「模擬法庭」，六月三日全班要去女中比中區語資班英語話劇賽。我一向都很明白，活動是這麼的多，但只有真的聽你們自己說、看到你們的疲態，才能體會那種累的程度。

想問你們：你們抱不抱怨？假如我有魔法棒，一揮就可以拿掉這些活動，你們會不會快樂點？

我清楚地知道，沒有207，我會減少很多工作負擔，但我同時也少了很多精彩的經歷，我也不會認識你們。這三年，我可能就沒了成長，和什麼特別值得回憶的了！

要說我自找的，我也認了！我心甘情願、無怨無悔！

你們是我放在心頭的寶貝。我一直告訴自己，要用期許和信任來帶207。期許你們成為一個完全的人、多元化的人、真心誠意的人；信任你們會好好發掘自身的價值，然後將自己發揮得淋漓盡致。我要你們認真地過每一個當下，拓展自己的視野，細心地體會生活的點點滴滴，積極地規劃、掌握自己的人生。我相信你們會努力，勇敢突破自己的極限。才短短半年，我在你們身上享受到教書最甜美的成果。我看到你們慢慢自立、成長，然後獨當一面。大概沒有一個導師像我一樣，不曾盯著你們自習、小考；我很少過問你們的掃地工作，更別提去監督你們做掃地工作了。這次校慶、園遊會，我都不曾參與任何意見。連班服都是在我毫不知情之下，它就擺在我辦公桌上，還把我的名字放那麼大！（你們真是太了解我的虛榮心了！）我不想用頻頻詢問來顯示我的關心，在你們能自理的事上不安地不斷干預。我想為207做只有我能做的事，像是偷渡你們出校門去看花；和你們大爆校園祕辛，並且剖析現實世界的殘忍；或者替你們做書評，引導你們更深入思考，你們想要怎樣的人生。我很自豪，我能為207做這些。然而令我放手去做的動力，是你們把自己調整得很好，你們學得很好、成長得很好，所以我可以放心去做！

讓我們假想一下：如果207沒有自治的能力，凡是需要仰仗導師來裁決，要老師陪著、盯著，才會盡學生的本分，（說白一

點，就像國中升學班好了！）我能經營出現在的207嗎？我會這麼愛207嗎？207是我的成就，還是我的負擔？

我的寶貝們，天空降下雨水滋潤大地，大地回應天空以一片碧綠。我對你們的關懷能源源不絕，是因為你們用成長來回饋我、鼓勵我。我們啟動了雙贏的良性循環，這是師生關係裡最不容易的成就。

我把陳明章的一篇演講內容印給你們。許多想說的、我已說過的，都寫在裡面了！你們記得嗎？我說過，你們是明日我拋向空中、自由飛翔的鴿子。我收回我的話。你們不會只是鴿子。你們會成為大鵬！能遠渡重洋，能任重道遠。

你們會成為你們這個時代最能創造自我價值的中堅份子。

我們一起加油！覺得累了，我的信，一如我的人，會陪著你，一直，一直。

我愛你們！

Sandra, 2006.4.19校慶前夕 23:15

七、從創意到執行

今天週三開班會，畢業紀念冊設計小組和同學們討論週一的畢業團體照和個人照細節。一向開明地經營班級的我，心臟又面臨一大考驗。事情是這麼發生的：

設計小組先從團體照的衣服開始決定。清中女生的夏季制服頗具清純的學院風，遠勝過乏味的冬季藍白制服，所以選定穿夏季制服，我並不意外。但是一班三十個人，在十二月二十五日拍照當天，穿著甜美的短袖、短裙的夏季制服時，難道要讓所有師長穿著厚重的冬衣端坐在前排嗎？遲鈍如我感到不協調，但又找不出反差何在。

　　衣服決定了，那襪子呢？說要穿黑長襪，那鞋呢？因為週一體育課，同學們得穿運動服，當然就要穿球鞋。所以，要不要帶皮鞋？表決的結果，有二十多位認為帶鞋太麻煩了，穿球鞋就好了。我愣了一下，舉手問主席：「你們表決結果，要穿清純學院風的夏季制服、黑長襪，加雜色球鞋？」

　　「對！」

　　這個民主表決背後的邏輯和輕重順序，真令我不知從何理解起。

　　不就為了漂亮嗎？為了留下美美的照片，所以才要大費周章嗎？可是，白上衣、格子裙、黑長襪、雜色球鞋……是我太老，不知道這很屌？還是我太龜毛？

　　我問同學們：「下週一才拍照，可以利用週四、週五兩天把東西帶來教室放，就不用週一帶一大堆東西來了啊！」

　　「可是帶來還是得帶回去，很麻煩。」

　　如果怕麻煩，就穿體育服拍照就好了啊？

　　「體育服不好看啊！」

　　那麼，白上衣、格子裙、黑長襪、雜色球鞋就好看嗎？

　　我在心裡角色扮演，假想學生可能會有的種種回答。回家後，我把這個問題提出來和我六歲的女兒討論。

　　「姐姐要拍畢業照，這樣穿好不好看？」

　　「不好看。」這是想了十秒鐘之後的回答。

　　「哪裡不好看？」

　　「穿裙子又穿球鞋，不好看。」

　　這是事實吧！還是只因為我女兒和我審美觀一致？

　　接下來討論個人照。這是各班發揮創意的時候。我們班想出了兩大主題：夢想、大怒神。

　　第一個主題是要按同學未來的志向，讓他們裝扮成以後想從事行業的模樣拍照。想法很有意義。但那三個想當律師的，不就得去借律師服？懶得花時間找衣服的，會不會就穿個便服拍照了事？還有，長大後的他們個個都是小姐，要當小姐，免不了得化點妝，這必定十分耗時，而他們只有一節課，要拍完三十個人，沒拍到的，就要自認倒楣。

　　「禮拜六下午一點半到四點來學校拍照，有沒有問題？」

　　離學測還剩四十天，用一個下午做這件事，會不會太奢侈？還有人得通車呢！

　　第二個主題，則要拍出同學坐在自由落體大怒神時極度驚嚇、豎起髮絲的模樣。

　　「我們需要四把吹風機，誰可以提供？」

　　什麼？你們認為四把吹風機就可以吹出大怒神自由下墜時的強力氣流嗎？找工業用電扇會不會好一點？

　　「還要髮膠，誰有？」

　　不會吧？這對抗得了地心引力嗎？我們班絕大多數都是長髮披肩，還離子燙，可能嗎？如果成功了，拍完照之後，就頂著這種髮型繼續上課、坐公車回家嗎？還是在寒冬裡，在水龍頭底下用冷水清洗，再用那四把吹風機吹乾？

　　隔壁班說他們要拍影劇系列。有人要扮新聞主播、偶像劇主角、S.H.E.等等。我想我一定是老了！我唯一想到扮這些人的方法，就是穿上偶像的服裝，梳他們的髮型、做他們的動作。以學生的能力去DIY這些裝扮，可能嗎？他們弄得出這些效果嗎？

　　我很想跟他們說些什麼，但我忍住了！一來我覺得，學生從創意到執行，失落了太多銜接的環節，可能是因為缺乏經驗，也可能因為思緒不夠周延。從「做中學」的觀點來看，學生確實沒

有足夠的練習經驗，他們用來增長經驗的時間，可能被大幅挪去努力課業，或者更慘，挪到電腦、電視、網咖去。

　　不過另一方面，我倒也不是真的很悲觀，我把這些看法上的差距，當成很單純的認知差距，沒有對錯的色彩。我想，如果學生做不成功，至少沒有因為我出手攔阻而讓他們少了一次嘗試的經驗。有些人、有些事，就是得自己吃了虧，才聽得進去，只要這個虧不會傷得他們難以復原，那就讓他們去「做中學」吧！搞不好還有一種可喜的情形發生：學生從創意到執行，有不為我知的途徑，我應該看看成果，再下定論。他們也許有不用租用服裝就可以達到效果的方法，那就更足以證明，他們沒有失落任何重要的環節；相反地，還證明了我的思考太僵化。畢竟，越意想不到的連結，越能展現超凡的創意。

　　我只要有一個能靜觀、超彈性的心臟就夠了！

　　讓學生去展現創意，讓老師去動心忍性、增益其所不能吧！

後記

　　本班的團體照，因為前排師長的座位擋住了學生的鞋襪而效果成功，至於師長和學生一冬一夏的裝扮，就算了吧。大怒神系列，本班國文老師提供了可行的做法，學生也欣然採用。他們在地上鋪上紅色的壁報紙，同學躺下，將頭髮往上梳，再各自做出誇張的表情，效果十足。而夢想系列，想當律師的同學做成熟打扮，抱著六法全書，照片傳達出完整的意圖，也很成功；拍照地點位於圖書館上方，想讀書的人拍完就去讀書，想娛樂的也用半天偷閒，皆大歡喜。至於隔壁班的影劇系列，我就沒多問了。

　　而且，我們班還利用攝影師拍攝全班的時間拍第三系列：裝可愛。他們做了兩個六十公分的大紅蝴蝶領結，搭穿冬季制服，

白襯衫加上西裝外套，做個可愛的表情，照片出來後，攝影師直稱讚有攝影棚的水準。

看來，從創意到執行，我不知道的還多著呢！

八、愛得越深，傷得越重

Sandra 耶誕告白

我教過的學生都知道，我一向都愛過耶誕節，喜歡和學生弄一點聖誕的擺飾、佈置，營造一點聖誕節的氣息。我還會出其不意地送全班小東西，給一個聖誕驚喜。但是今年班級的聖誕節，對我來說是灰白的！我沒有預料到，我的失望會這麼深，一直到我和幾位親近的同事吃飯，聊到近日班上發生的事情，我才做了總結：原來我對307這麼失望！原本想隱忍著不說，同事卻提醒我：「如果你不講，同學們是不會知道的，你也讓他們錯過一個看到事情真相的機會。」我想也是。我一向對你們期許多於責備、鼓勵多於懲罰，現在是該徹底談談，你們的表現和我的期望之間，有多大的落差。

你們做人做得很失敗，你們知道嗎？

第一，我每回月考之後，辛苦地寫家長信函，還花錢買書送全班家長，請問你們有沒有把信拿給家長，並把書拿給他們，至少讓他們看到書的封面呢？在我收回的二十三張回條中，很多都是除了簽名以外，連一個謝謝都沒有的空白回條。是你們的家長生性沉默？還是你們有虧「職守」？在寫信和送書背後、我那份莫大的用心，流到你們身上，就像流入了死海，找不著出路，時日一久就蒸發掉，彷彿不曾存在。我一向教你們，在人際關係當

中扮演啟動雙贏互惠的角色，都兩年了，你們還是只會靜靜地當一個接受者而已嗎？

　　我以為我教得很成功，其實我太高估自己了！

　　第二，你們依然很功利、很短視，仍在時間的壓力下挖東牆補西牆，自以為是地選擇性聽課，令我寒心。任教307的老師無一不是最具專業能力的，連這等老師的課你們還挑著聽？以為老師又在講不重要的題外話？知識還分聯考範圍和非聯考範圍嗎？你們一邊上著課，一邊自己做起別科題目、準備下一科小考、甚至在桌上趴了下來？儘管307上課秩序不錯，但絕不是百分百專注於老師的授課，充其量只是安靜不吵而已。至於心思在哪裡？絕不是百分百在老師的話語裡。難怪知識的根基不夠扎實，真是自作自受！為這問題，我曾花了兩堂課和你們說理，沒講前同學犯錯，是不懂事，可以原諒；講過以後還犯一樣的錯，叫死性不改，不可原諒！

　　我以為我教得很成功，其實我太高估自己了！

　　一直以來，我都不願意教社會組的前段班，尤其女生居多的班。因為他們在面對利益衝突時，往往做出自私自利的選擇。而少數具有正義感的同學也不敵班上自私的氛圍，選擇沉默不語，頂多是私下跑來安慰老師受傷的心，說一聲：「老師別難過了！不是所有的同學都這樣的！」自然組至少比較坦白，爽和不爽都會把話說出來。307是社會組前段、女生又多，班上的成員多是指望別人去給貓咪繫鈴鐺的小老鼠，覺得自己安靜不惹禍，就沒有做什麼不對的事，也就是做對了。

　　這樣跟《和你在一起》裡，小提琴教授說的話一樣：「都對了，就是不好！」

　　我以為我用了兩年紮根，從生活教育做起，這一次，我的班級一定不會像已往的社會組前段班一樣。然而，高三了，壓力

101

大了，利益衝突產生了，我以為你們會選擇正確的路，不會抄捷徑。但事實上，你們仍選擇輕鬆易行的路走：在互動關係上，選擇當接受者，而不是給予者；在知識上，選擇使用老師的授課時間，而不是積極找出自己可用的時間；連把信函和書轉交給家長，都僅以口頭帶到，甚至自簽回條，因為你們選擇自行彈性處理。以一個保守、傳統、被動的學生角色而言，你們沒有做錯；但我一向教導你們：要勇於嘗試、主動關懷、積極學習，我一直強調這些價值觀，我以為307會有別以往。

現在我才發覺：我以為我教得很成功，但其實我太高估自己了！

這對我是寒徹骨的考驗，而梅花早已散落一地。

我不指名道姓，叫你們去撇清關係，檢討別人；相反地，我希望你們可以誠實地反省自己。你們可以問心無愧地說：「我不是老師說的那種抄捷徑的人」；你們也可以在虛心檢討之後，選擇走回正確的路徑；你們還可以低著頭，按著慣性，繼續在捷徑上留下足跡。

你們選擇做你們想要做的人。

我的孩子們，在人際關係上、在自己的崗位上，你們能做的，遠遠超過你們現在所做的。你們知道做好一份作業，對你們來說，是扎實學習，對老師來說，則是一份鼓勵嗎？你們知道一對專注的眼眸，對你們來說，可能只是吸收當下的知識，對老師來說，卻是賣力演出的動力嗎？你們知道你們的一句謝謝，對你們來說，是基本禮儀，對老師來說，則是確實知道學生已經領會老師的心意了嗎？

你們知道嗎？如果你們只是保持好自己座位的整潔，鄰座的垃圾，還是會被風吹到你們的腳邊。所以我們不該只是保守地做

自己的事，我們都該「順手」多做一點點，而這一點點，就帶來了雙贏。We can't do it all, so we all have to do a little.

孩子們，你們有沒有聽到心裡去？這一次，我會不會又太高估自己？

我相信冬天過了，春天會來。最後一個和你們共度的聖誕，對我來說，是如此的灰白。我是個傻子，我依然期待明年的聖誕節會是豐厚而雪白。那一份白，是澄淨的智慧累積出來的純白！

原點

從我的「耶誕告白」至今已經兩個星期整，我的等待終究是落空。我想，再等下去也不會有太多的結論。我想把事情清楚地作一個了結，一來，我不必再有不切實際的期待；二來，也讓你們無須再猜測，我是否已經痊癒。

我是不會痊癒的，如果我是唯一一會心痛的人。上次我心痛的是你們的功利與現實，而這兩週，我像是經歷了一場冰冷的風雪。這兩個星期像是一場冷酷的考驗，你們袖手旁觀的無情，讓我的期待破滅。期待破滅後，我只能要自己快一點成長、堅強，雖然這一次與上一回相比，我心裡的傷是刺得更深。從我站在講臺上邊說邊落淚的三十分鐘，沒有人遞給我一張面紙開始，到接下來的兩週裡，你們的沉默無聲，彷彿局外人靜觀其變的態度，我想我的期待與事實落差真的太大了！這讓我很寒心，也想死了這條心。我錯看了你們，是我自己太不明智了。

我到底算不算得上你們的朋友？我自己覺得是，但你們的沉默無聲，讓我覺得我根本不是。你們會讓朋友在面前落淚而自己不發一語嗎？會讓他自己承受傷痛而不加以關心？還期望他可以自己恢復已往，用陽光的笑臉來面對你們嗎？是我在你們心目中

太強，強到無須被關懷？還是你們等著別人來安慰我？這應該是個很大的事件，大家都不去談它，只在上課時看著我，用眼神詢問我、試探我。Conflicts between good friends should be resolved, not ignored. （好友之間的衝突應該解決，而非忽略。）我不是一件T恤，晾在那兒，眼淚就會自己乾了。我現在不哭了，因為我哭，只是傷自己傷得更深，對你們並不具有同等的意義。

你們每個人都有能力維繫我們之間的關係，與其寄望別人，不如反求諸己。這長長的兩個禮拜，每一天，你們都可以說些什麼、表達點什麼，但我得到的，卻只有上下課的例行公事而已。除了Wendy隔天無言地拍拍我的肩膀，Fanny問了我一聲：「你還好嗎？」，到了週三，Ruby、Peggy、Lisa、Tina和Irene來找我深談了一節課。之後我收到Rebecca的紙條和Betty的卡片，就這樣了。我對你們是乘以三十倍的關懷與愛，而你們對我，則是不到三十分之一的問候，只在上下課中努力自己的未來，彷彿這一切都不曾發生似的；至於我，我應該要能自己復原。

我不想再難過了。我決定回到原點，當個基本的老師就好，凡事別想太多。人師難為，我的功力不夠、智慧不夠，好好做好一個經師，才是務本之道。我把心裡難過的地方清出來，從頭填補。讀書、寫文章、聽音樂樣樣都好，我不再去設想太多，讓自己承受不起。我想站在一個不受傷害的距離。這是我的原點。

謝謝Ruby、Peggy、Lisa、Tina、Irene、Fanny和Wendy，還有Rebecca和Betty。Vicky今天送來了兩朵清香的七里香。謝謝你們。這個冬天裡還算有點溫暖。很遺憾我沒有辦法把一切用更好的方式做個結束。這已經是我的極限了！

祝福你們，學測順利。

反省

　　這場經驗的磨合，可說是我教書十六年來最大的挑戰，我賭上了最大的期望，可能會重重地摔落，自此退回原點。發了「耶誕告白」之後兩天，有一位小組核心成員來找我談過，想進一步了解我生氣的原因，他們決定按兵不動，是因為已往都是他們領頭，其餘的人跟從，有時還不甚配合；兩週後，又有另一組人來和我釐清疑問，告訴我為何班刊捐款如此不踴躍。他們一直以為，我是因此生氣。他們也一直問我，到底生氣的原因是什麼。我將事情倒退至十二月初，我花了兩節課苦口婆心地勸告的時候，我語重心長地告誡同學們：上課時要全神貫注於老師課堂的講授，不要自以為老師在說些非關考試的話題就自行「轉臺」。學問的根基要扎實，沒有課內、課外之分。敬重他人，是自重的首步。我花了兩節課分析這些觀念，仍然不敵現實功利的考量，同學們還是選擇利益的一邊，做短視近利的投機者，令我難過。

　　之後的兩個禮拜裡，我每天寒著心去上課，抽離了感情，把課上得很專業。很輕鬆，但也很痛苦。其實，傳達知識的方法很簡單，用功即可。但面對學生而不用情，對我而言，就等同於不再熱情，教學就一點樂趣也沒有了。現在的孩子，尤其是會讀書的孩子，習慣了別人去愛他、疼他、配合他、替他計劃。是沒想到？還是太懦弱？我班上的孩子們不會關懷，不敢或不知該開口詢問我這個當導師的，心情有沒有平靜一點，尤其我的班上還有二十八個女生。接下來的兩週更令人寒心。我接到一張紙條、一張卡片問候我，其餘的人一如平常地按著鐘響上下課，對於曾在班上哭了半個小時的導師，就只是一雙眼睛遠遠地望著，沒有關切、詢問，期待著我自己會好起來，像往常一樣愛他們。

　　我的失望來得如此之深，是因為這兩年來，我全心建立的，不只是一個班導和全班的關係，我還依著他們每個人的個性，引導他們自我成長與突破。需要舞臺的我提供舞臺、需要空間的我給予自由、需要挑戰的我提供機會。每個學期，我都安排時間和同學們個談，讓他們明確知道我對他們的觀察和看法，並建議他們突破的方向。我和他們建立的，還包含這一層個別關係。但當我和班上的關係僵化時，同學們竟躲到團體的保護傘下，把我和他們個別的情誼放到一邊不管。一想到此，我就眼眶泛紅、喉頭哽咽，不論在家、在學校，或是在開車的路上。那兩週對我來說，是無愛的人間煉獄。

　　我的小孩知道這件事，知道媽媽不好過，每天晚上睡前，必定為我禱告。同事之間，我不敢多談，不願關心我的老師，去明示、暗示我們班要採取動作來安慰我，又再一次讓同學們淪為被動，我也不願我的眼淚擴大了事件、模糊了焦點。

　　傷心的是，我認真地教孩子們做人，結果他們做的是現實人。傷心的是，我愛學生，我的愛卻被學生視為理所當然。衝突被漠視、事件被淡化，我的傷，是因為我自己多想；我的淚，久了就會自己乾了！

　　好殘忍！這是我教出來的學生！

　　這兩週，我也一直省思著：我是不是真的期望太高？是不是對於內向、不善表達的孩子，我就該容許他們沒有表達？我當然明白，不是每個學生都是熱情洋溢的，但我真正想要接受他們回應我的基準點是什麼？我要他們對事、對我要表達關懷，是我要求太多嗎？知情的老師都安慰我說：「團體裡本來就是跟從的人佔大多數，會表達的人本來就是少數，別想不開了！」可是我不願意妥協。內向的孩子，難道就可以因為不善言詞而規避了互動

關係中的責任嗎？他就能理所當然地指望別人來了解他嗎？跟從的人不能只是盲從，把腳步交給團體，萬一團體不行動呢？甚至團體的方向錯誤呢？同學們對我的傷心落淚有所不解，他們可以詢問、辯白、澄清，可以安慰、寫信、傳紙條。以我們班的勇氣和創意，他們一定有比沉默更好的策略。

　　我們熬得過啦啦隊比賽、合唱比賽、話劇比賽，怎麼面對導師的失望和傷心，會如此地消極無力？如果我也接受他們的靜默，我過往的堅持又意義何在？我可以體會他們的擔心害怕，但人生的路上，即使擔心害怕，我們都還是得面對許多抉擇和難關，難道那時，他們就會自動地勇敢面對了嗎？不，被動是被默許而養成習慣的，我不要默許他們繼續守著這個爛習慣！

　　兩週後，我估計同學的反應就是這樣了，再等也等不到什麼行動，於是我決定做個了結。在「耶誕告白」之後，我寫了一篇「原點」，在下午第七節下課前三分鐘，連同講義一起發給他們，然後走人。第八節數學課，聽說是上不下去的。有些人在哭，有些人跟老師解釋了來龍去脈。當晚我接到兩個家長的電話，安慰我，也替自己的孩子傳達心情。隔天來到學校，好些同學留了信在我的桌上，還有一封信來自家長。我一邊讀信一邊整理心情，思考要怎麼把事情全部攤開來解決。也許無法畫下一個完美的句點，但總要正視問題，並決定一個尚可接受的解決方案，和學生重新定調，才不會荒腔走板地一直拖磨下去。

　　上課前二十分鐘，亮穎的媽媽來了！他提著一株素雅的蘭花，帶著和煦的微笑來了！他是國中的國文老師，和我一樣是基督徒。亮穎是高二合唱比賽的伴奏，那一段煎熬的時期，我陪著亮穎一同度過其中的波波折折，亮穎的媽媽都知道。很感謝他來。和他的對談中，我整理出最終的結論。

　　其實，我最終的期待，是孩子懂得做人，做一個溫暖、有愛的人，勝過一個把成績當作成就的學生。我期盼，孩子們不要小看自己可以發出的力量，不要把自己局限在大團體中，只等著大團體分配責任才有所動作；他們要能看到自己可以著手的部分，並主動去做；只要事情是對的、該做的，他們就應該去做，不是等著人家叫他們做才做。

　　我以這場試煉為例。前一晚沒有人叫家長打電話或寫信，甚至到辦公室來。我很感激他們打了電話、寫了信、來了辦公室，那代表他們在乎，他們做了自己可以做的。如果家長還在等著聯絡所有的家長，討論如何因應，錯過了時機，動力就減了，力量也弱了，所傳達的意義就更淡了。我讓他們去思考，一段真摯的友誼、一個你所看重的人，應該如何用心珍惜、經營？遇到問題或衝突，應該如何勇敢面對、解決？一定有他們覺得可行的方式，不要用「我做了也沒有用」、「過一段時間之後就會沒事」、「我的心意，不說他也知道」諸如此類的態度來淡化問題、削減自己的行動力。

　　其實，我覺得整個社會所缺乏的，就是這種積極的心態。你看我、我看你的遲疑，再加上把事情淡化，結果善事做不成，因為全指望政府的福利制度；壞事掃不盡，因為那都是警方的責任。我們躲在被動、無能的心態背後，把幸福交給別人去負責，而出自口中的抱怨頭頭是道，還把自己的無力感渲染、擴散，把自己的沒有作為合理化，也說服別人這麼做。試問，一群人聚在一起罵大環境，除了爽之外，還有什麼意義？這些積聚的負面情緒，是用來毀滅地球的嗎？

　　我希望學生能明白，並把主動積極，經由平常的實踐，內化

成自己的個性。這樣他們會更有行動力，更具備支配生活的主控權。

送亮穎的媽媽出辦公室，在走廊上，他握著我的手，對我唱了首詩歌：「救主明白你的憂傷，見你眼淚盈眶。祂說，我必與你同在，不要失望心傷。」還問我：「主的恩典夠你用哦？」我也回唱：「我深知主掌管明天，祂必要領我向前。」主的恩典絕對足夠。祂派了天使來，把主的恩典倒在我這個小器皿裡，不僅夠，還大大有餘。

我把這一切說給學生聽。我說，衝突是好的，只要我們了解並學著跨過去。這段期間對我來說是考驗，他們的冷淡對我是劍，而我的信對他們像刀。如果沒有這次經驗，我就檢驗不了，我到底有沒有把孩子們教好？要不要修正？我也期盼這個功課能深深地撼動他們，如此，這場痛就沒有白挨了！

我很慶幸，這段時間，我能以冷漠和專業的態度面對他們。冷漠，是因為我需要時間釐清、等待、反省，也給孩子們一個有愛、無愛的對照；專業，是因為我還得穩住學生學測前一個月的步調，把影響縮小到發信的那兩天，當然多少還有疑問升起的片刻。大抵上，班級的步調是前進的。

同學們陸陸續續地寫信給我，在走廊遇見了，或我走過教室時，他們打招呼也都格外熱烈。我再想想，還是覺得衝突是好的，只要我們面對它，思考衝突的起源及意義何在！我希望藉著這次經驗，在他們心中埋下積極主動的種子，有一天它會發芽茁壯，為社會提供一方綠蔭。

謝謝我的學生們和家長們！願榮耀歸於我主！

九、未擇之路

Dear girls of 307,

　　今天我和你們講了Robert Frost的詩：The Road Not Taken（未擇之路），我心中的激動澎湃難言。回顧我走過的路程，常讓我覺得驚險萬分，但每一回想，我都很肯定地這麼想：如果生命可以重來，我還是要照著箇中的甘苦重來一次，一丁點兒都不要改變！因為我自認在每個當下，我都做了最佳的抉擇，而上帝也恩待我，一路上都給我最佳的安排。我很喜歡我一路走來所踏出的每一個腳印：我慶幸自己出生在窮苦人家，讓我必須學會照顧自己，並善用各種資源；我慶幸自己高中時念自然組，卻在大二轉到外文系，讓我有機會奠定社會人文與自然科學的基礎；我慶幸自己在偏遠的雲林鄉下教書，所以可以全心地沉浸在淳樸的教學環境裡，了解成為一名真正的教師所必須具備的條件，並且有勇氣達成我的使命；我慶幸自己兩次生產都離鬼門關很近，所以我更加珍惜兩個得來不易的寶貝；我慶幸一路經歷107、207、到307，淬煉我的教學能力與班級經營……這一路上攀爬的過程，很少有輕易過關的，但正因如此，我才有機會見識高處的風景。

　　這不也正是上一個年度207經歷種種歷練的真意所在？

　　我愛你們，我一直相信你們有能力熬過去。

　　我對自己未選擇的道路，並不感到遺憾，也不羨慕別人的順遂和幸運。每個人青春的十八歲就只有一次，We can live only once！朝著自己認定的目標向前，不論苦樂都細細品嘗、小心經營，並學著欣賞自己的處境，才不會一路見異思遷，只是不斷地羨慕別人，坐這山看那山高。我問你們，為何來到清中？有人考低了，落到清中，有人則是高攀了清中，甚至有人純粹因為離家

近而選擇清中。不論來此的原因為何，你們選擇留在307，讓我和307的教師群陪著你們一起努力，這是個美麗的開始，我衷心珍惜。希望這個美麗的開始，可以成為你們生命中的轉捩點，引導我們走向各自光明的前途。我們不再探討為何來到語資班；我們全心全意迎向下一站。那是我們選擇的目標！

因為選擇，我們成為靈魂的主人。

各位有智慧的、生命的主人，請為自己燃燒，照亮前行的路程。

forever your best friend

Sandra. Aug 2,2006

十、高三下週記分享

我想，我很難百分百讓你們明白，我有多愛讀你們的週記，在文字上讀著你們想和我分享的事情，讓我真正分享到你上週生活的種種喜怒哀樂，這是我受到驕寵的特權。這週你們說了強哥、美麗境界、拍畢業光碟、申請校系、跑八百公尺等等事情，是啊，一週五天，說快，卻也是每一分鐘累積成每一個小時、每一個小時累積成每一天，每一天其實都是扎扎實實的。人生就是這樣。Every minute is the brick we use to build a day.

謝謝你們樂意分享，讓我覺得有福，像強哥能分享他旅遊的所見所聞，也是一種福分。別忘了我們看著彼此受傷，也看著彼此成長。一個人若能有三、五位好友分享生活，就算得上是富有了，用這個觀點來看，307的同學們個個都是富豪了。

各位富豪，珍惜你們的財富吧！

Sandra

　　週三跟你們分享楊士賢的故事、一碗陽春麵的回憶、盧安達的ppt檔，以及《穿越邊境》林良恕的故事，你們的週記回應頗多，我知道你們把我想分享的聽進去了。

　　我們真算得上幸福而富有，不是嗎？記得看你們所擁有的，別只著眼於你們所沒有的。之後，記得做你們能做的，不要只著眼於別人沒有做的。我們能做的，永遠比我們想像的多。

　　生活，貴在一個人的態度。記得：態度決定高度。

　　其實在高三生活中，就是藉著靜態居多的生活去沉澱與思考，釐清自己心中紛亂的思緒，建立出支撐自己的價值觀。我很高興，你們的感受能力沒有因為一堆考試而麻痺了。我們還有聽歌劇的雅興、有感知他人痛苦的能力，能讀一本好書……我們是人，應該有基本的「人的感知」吧！當然，感知太多又不知處理，就流於濫情；百分百就事論事、不顧情感層面，又太無情，我們得學著平衡。假如高三的日子像高二一般高潮迭起，我們很難靜下心來深思的。

　　所以高三很好。高三會讓你們歷經考驗、讓你們漸趨成熟，讓你們分辨誰是真的陪在身邊、是相互砥礪的好朋友。

　　然後，你們會收成，帶著滿滿的收穫和祝福踏入大學的校門。

　　你們一定可以的。

　　我愛你們，會陪著你們走過這一段時期。

　　加油！

Sandra

　　三月底是很精彩的一週。週三我們光明正大地從校門口出發，經過大街路爬上鰲峰山去看苦苓花，粉紫的花團遠近連綿，午後涼風徐徐。週四李定蒼老師的藝術講座進入超現實主義，整

112

整兩小時的美學洗禮。週五進入幾米美好而孤寂的世界，《微笑的魚》傳遞了「放手，才能真正擁有」的訊息。高三生活到了尾聲還能這般多彩，大概也只有你們有這等福氣。

「能靜能動」的期許，但願你們謹記在心。只有能確實掌握動靜合宜，我才能放心的將「心動的美學」放在你的手心。別讓「動」成為你靜不下來的藉口，那是二流的人才會說的話。

生活的種種感知，證明我們是真正體驗生活的人。當你們聽到鳥唱、聞到花香，從詫異、好奇、欣賞、體會到留下記憶，都是某一個時期的點滴感受，會形成一個氛圍，像一把記憶的鑰匙，讓你們下一次只要某種氣味、某種色彩轉動這把鑰匙，屬於那個時期的回憶就會流瀉而出。感知越深，回到過去的力量就越強。我希望這三月底的美學經驗，會讓你們深深記住307。

時間不多了！我在積極陪伴307前行的路上頻頻回首，數算著所剩不多的相聚時光的同時，那隻微笑的魚一直在我心版上提醒著我：束縛的自由看似一種幸福，但真正的幸福是不會不自由的。放手，才有真正一片悠游的水域。請你們睜亮雙眼，用心看自己腳下的步伐，是否正領著你們向著目標前去？

微笑的魚，微笑的你們！

Sandra , April 02

忙著班刊，等著把整理好的文字寄給出版社，我才能鬆一口氣。事情不難，但瑣碎而反覆，再次證明我是個很沒耐性的人，會被這類事情磨得想出走。總算，週三我在電腦前熬到晚上一點半，將文字檔寄出，我知道我又完成了生命中從來不曾有過的嘗試。因著你們，我又完成了一個不可能的任務。過程漫長而艱辛、瑣碎而充滿細節，是上帝試煉我的好機會，我很慶幸沒

有對祂說不，雖然我有很多的理由可以推拒，雖然沒有人說這非做不可。

這很像我，很像307，不是嗎？

我想，這就是勇敢：勇於把自己往前推，迎向挑戰。不要對精彩的經歷輕易說不，說自己做了也不見得做得到，或做不做都沒差別，那等於是要自己放棄。記得我說過的話嗎？你們能做的，絕對比你們想像的多；要積極創造自己的價值；你們對團體的意義，造就了你們的價值。

我摯愛的星子們，要勇敢，勇敢可以讓你們撐過難關，看到壯闊的風景，讓一切的忍耐都值回票價。

不要怕，你們有愛你的爸媽陪著，有共患難的好友陪著，還有我，也陪著你們。

Sandra , April 12

這兩週自己的心情起落頗大，時而很high，如聽完曾志朗的演說時；時而低落，想到我公公的病弱，那像是我爸失去生存意志時的眼神，總勾起我那時的煎熬與傷痛。我很想找個安靜的角落，把這種難過哭個乾淨，再回到正常的生活。這兩天上的第十一課「父子之間」，又把我帶回雙親健在時那片片段段的回憶。遺憾為時已晚，想想自己怎樣做得更好，會比較實在。

我也有點擔心你們，但一直告訴自己要能挺住。其實準備考試不難，憑著良心、盡力就是。難的是結果未知，充滿疑惑，才教人更加難耐。

想起以前在西螺帶東南的學生時，我最常提醒國三學生的一句話：「耐得住寂寞，耐得住煩。」當你們耐得住了，你們就挺過去了。請加油，並好好照顧你們的身體和心靈。我和你們同在一起。

　　想想，在一起的日子不多了。二十天，扣掉六個週末天、兩天模擬考，只剩十二個上課天…… 我不敢多想，但很難不想，所以我決定要更加珍惜。請你們也珍惜所剩不多的時日，用這段時間累積你們下一個跳躍的能量。

　　我每晚都為你們禱告。

Sandra , May 3

山佐 的帶班手記

第三篇

萬語千言──畢業期許與祝福

第一章

2002，溫潤純真，如珍珠般的 301

給301的女孩們：

多風的日子，我騎著單車行經清水國小外，看到今年最早恣意綻放的鳳凰木，好紅喔！那份斑斕，好像你們的青春。

要畢業了，謝謝你們在這兩年裡給我最溫暖的回憶。教高中至今六年，一直都想能有機會帶第三類組，把我高中念書的經驗和同學們分享，分享我對數理化的無力，可是又對生物那般執迷不悟。謝謝你們一路讓我陪你們走過兩年，也謝謝你們陪我追憶我的高中歲月。

我也要謝謝你們在這個學科上盡力的付出。因為你們用心的表現，讓我能夠誇耀地說：「英文絕不是自然組的副科。英文成績的高低，絕不是以社會組或自然組作分野，而是以花下去的心血決勝負。」你們讓我可以很自傲地大聲宣佈我在你們身上得到的印證。謝謝你們給了我向前衝的信心。其實，在每一次成績公佈前，我的心情都不禁要隨之起落。謝謝你們很少讓我失望。

然而成績之外，我更感念你們一直很真心、很溫暖、很貼心地對待我。我何其有幸，能有全清中最負責的英文小老師美莉為我服務了兩年。他不僅把我交代的份內事務做好，更積極主動地叮嚀我進度的掌握、考試的安排，讓我節省了不少繁瑣的細節和很可能會出的紕漏。沒有美莉，我在301的教學，可能只能發揮三分之二的功力！美莉，謝謝你。

　　除了美莉之外，我很感動於你們大小事都和我分享的貼心。你們是很能談心的班級，常教我忍不住要和你們說些心裡話，分享我對生活的種種感觸。你們專注、有分寸、真誠地和我互動，這種種都讓我常常欲罷不能，越說越多。你們像是姐妹淘一樣，因著你們，我的教學生涯更添真情的色彩。你們的團結一致、有禮的應對進退、和老師互動時分寸的拿捏，以及值得信靠的特質，是我很引以為傲、常對別的老師或班級讚賞的。我希望以後我的群群和芳芳，也能像你們一樣貼心懂禮。

　　回首這兩年裡，我也常問自己給了你們什麼？我有沒有盡到我身為經師、人師的責任？我有沒有增加你們學習的信心和興趣，並體驗到英文是多麼實用的一項工具？乃至以後你們不再受教於我，卻仍自動自發地在個人的英語能力上努力追求進階？我常捫心自問，我做到這一點了嗎？也許答案三、五年後才會揭曉吧！但願我埋下的種子，是會發芽茁壯的！

　　臨畢業前夕，每每看著你們伏案測驗、振筆沙沙的背影，就會想，我能利用剩下的日子跟你們說什麼？我要說的太多太多了！我巴不得時光倒回到兩年前，我第一次踏入科學館二樓201的教室，把滴滴點點，和你們的真心對談重新複習一次，重新告訴你們，我對你們的深深的期許。

　　Girls，你們是牡蠣懷沙而生的珍珠；你們是長輩們細心呵護下，用自己的肉身去適應不完美的環境的美麗產物。在整個社會環境、教育制度都未臻完美之下，你們一來有師長的疼惜，二來自己也十分爭氣地力求適應與長進，才造就了今日珍珠般的301。我期望你們能了解自身的珍貴和特殊的價值，好好珍惜自己、使用自己、付出自己。

　　第一，我希望你們能永保溫潤貼心的特質，捨棄光燦刺眼的

光芒，在人群中當一位發出「暖光」的人。這是整個社會最重要的穩定力量。你們對人的有情有義，一直是我最欣賞的特質。我常想，假如臺灣的中學生能多些像你們這樣的孩子，我們的社會將少了多少問題學生，進而增加多少充滿溫馨互助的案例，成為一股清新的風氣？我們的年輕人將多麼亮麗而有朝氣？隨著你們走出清中，進入成員更複雜的大學，在種種風氣的影響下，我期許你們要永保自己溫潤的光華。甚至日後踏進社會的染缸後，也千萬不要失了自己的本色。請你們讓我看到，每一顆珍珠都依然是如此溫柔地，靜躺在你們的胸膛，這就代表你們柔潤的心。好嗎？

第二，我希望你們多去發掘自己的潛能，並全心培養自己的特質，在自己擅長、熱愛的領域上，義無反顧地投入，擇其所愛、愛其所擇，要能驕傲地說：「這個領域，我最在行！」從小學到中學，我們一向受制於學科考試分數。然而生命中值得熱愛和付出的實在太多，遠超出了學校所限制的範圍。因此，我在此才更要提醒你們，要重拾主動學習的樂趣。這與學科無關，與分數、考試無關，而是和你的興趣、你的熱愛有關！去認識植物，去種花、賞鳥、研究動物行為；去做化學實驗，去看星星，去發現臺灣山林的美景……一定有一個領域是你投入之後，會熱愛到不可自拔的。這是學習的樂趣，也是最精彩的部分，學習熱情可以陪著我們一輩子。知識是這麼一回事，它不是學科、考試、分數；而是熱愛執著的一種態度。

第三，也是我最大的期許，我希望你們能在整個社會、國家給你的培育和造就之後，懂得感恩和回饋。儘管我必須說，我們的國家、社會有著太多的不完美，每回新聞報導所帶來的失望、沮喪，總多過於人間溫情。可是憑心而論，我們還算生活在一個

公平的社會之中，讓我們的努力有實現的機會；我們還有關愛、呵護我們的人，伴隨著我們一路成長。這已經是難得的幸福，不是嗎？這是我們可以憑一個人的力量得到的嗎？我們難道不該感謝上蒼的厚愛，並且讓自己的力量也加入這份厚愛當中，去溫暖更多步上我們成長之路的後生晚輩嗎？我希望你們不要只懂得汲汲於自己的幸福。有多少力量，就為多少人服務，我們的生命才有光和熱散發出來，這才是生命真正的豐富與多彩。那絕不是流行歌曲的強烈愛恨悲喜能編出的精彩人生。我希望你們會帶著小朋友過十字路口，公車上懂得讓座，會關心弱勢團體，會勇於助人，不是只用錢，而是付出心力去關心別人，全新全意地扮演好自己的角色，不以利益為唯一追求。社會中要有這樣的力量，我們才能有更好的明天！讓我們不求別人給我們一個這樣現成的環境！讓我們自己來打造！

　　我的珍珠們，你們能懂得我對你們真心的期盼嗎？穩健地走、好好地飛，每一次振翅，都珍惜你們飽滿的視野。未來的路，Girls，珍重自己的腳步。

　　我愛你們！

師Sandra, 2002.5.20.

第二章

2002，實驗活潑英文教學的 304

給304的女孩們：

快畢業了！這兩週裡，每天倒數著和你們相處的時數，看著你們一張張清麗的面龐，我總是猜想著，你們會不會對這剩下的相處時光有什麼樣的期待或感慨呢？等今天最後一堂課過後，304就不再全員到齊，不再有朗朗的讀書聲、起立敬禮的吆喝……一想到這裡，我就覺得不好受。而在這臨行前，我要對你們說些什麼話，作為你們的畢業紀念？

首先，我要說：能遇見你們是一件很幸運的事。從我接手204的英文，歷經產假，由鴻智老師代課，到我回來，將204當成一個全新的班級，來實驗我的英文教學，這一切過程之後，我必須大聲地、驕傲地說：「你們學習的成果，是我十一年來，英文教學最大的成功。」

謝謝你們這麼努力，這麼用心地看待這一門學科。每一次成績公佈，我都感覺到，我在教學上的付出得到了最扎實的回饋。你們把我「騙」得很徹底，教我很心甘情願地準備你們的英文課，為你們規劃不一樣的英文課程。然而，我希望你們不只是在整體的成績上，交出一張漂亮的成績單，更要在個人對英文的興趣上不斷地成長。待畢業以後，不論你們的學系為何，都能積極主動地在自己英文的程度上下苦功，更上層樓；若能如此，我的

123

英文教學才真正是生根發芽！

　　如果你們真心喜歡上了英文，學英文就成了一件隨時隨地的樂事！高中的英文只是一個起點，路才正要向前展開，不是嗎？

　　這兩年來的相處，304給我很好的回憶以及很值得驕傲的成就。我一直很用心經營這一段師生關係，期盼能將我成長過程中種種的學習心得與生活中的種種感觸和你們分享。就學業上，我期許自己要是個傳道授業的經師；在教育上，我更期許自己要是個真誠的人師。你們熱切的回應，常常使我的付出得到加乘的效用，也再一次向我印證：校園中的師生關係，可以是一份很真、很深的情，綿長在心中，是很久很遠的一份感念。從204的英文聽講，我們一起玩英文的遊戲；去藝術街坊做英文報告；然後到我父親進加護病房、熬過生死大關的過程中，你們給我的體諒和關懷，都令我感動。之後，升上高三，一連串的複習考，我們一同為進大學的門檻而努力！你們聽我出國的種種遊歷，聽我講星座，聽我講詩、講伍佰的歌、講電影，我們一起看春天來了、苦苓花開了，一起分享四季不同的感受，並且幻想大學的日子，作我們的大學夢……

　　你們是我的學生，也是我的朋友，是我一同度過兩年歲月真心的伙伴，我深深珍惜這份情緣！

　　然而，畢業前夕，除了這些懷念、感謝、珍惜，我對你們有更大的期許，待你們在畢業後的日子繼續完成。

　　Girls，我希望你們能有更清明的雙眼！我希望你們多用明智、冷靜、客觀，去看待人與人之間的關係。少一點成見、偏見，多一份體諒、包容；少一點濫情、盲目，多一份分析、思考。當你們可以冷靜地看人，你們就能夠少一點盲目的崇拜、欣賞，而不會錯用了自己的感情；當你們可以公平地看人，你們就

更能廣納忠言、廣交益友，更正確地投入自己的感情。雖然要你們這群年輕、漂亮又熱情的女孩子克制、內斂你們的心，實在是不容易。但是，我們都希望自己越來越聰明，這份聰明讓我們的真心不至於濫用，也不至於被利用，讓我們的真心，得到加乘的回饋，並且再加倍去付出在值得的人身上。

要冰雪聰明、綿長的使用自己的感情；不要火焰熱情，一把燒光了，只剩下後悔與灰燼。

再則，我希望你們更勇敢，在冷靜真誠的思考後，勇於規劃自己的人生、勇於拋開功利、勇於吃苦，好好活出自己人生的光與熱。我常強調工作的意義、成就感的意義，與生命的價值。我希望你們能不求好路、不求近利，勇敢面對自己的真心的選擇，求一條值得努力、奮鬥、能發揮你每一份力量的路走。即使路難行，我們能忍、能調適，還能在路上望見美好的風景。試想，假如轎車能直驅玉山主峰，那麼，沿途的風景還會氣象萬千，令人一生難忘嗎？

最後，我期許你們要記得回饋，我們的幸福，是來自我們的家人、師長、朋友和整個社會的貢獻，而不是我們一個人努力就得到的。是的，我們的確很努力，但若我們的努力沒有一個公平的機制，努力並不能夠通往成功！想想活著的，像連加恩、證嚴法師；想想過世的，如余紀忠、翁景民、劉其偉……我們要自己過得幸福，實在太容易了，也太淺薄了！假如我們金字塔頂端的人都自顧其利，我們永遠沒有一個良善的循環，讓溫情、幫助在社會當中回流。總有一天，我們也有落難不幸之時，你將接受到的就是冰冷的對待，因為我們對社會中的種種苦難也曾是如此無感，這是報應。

不要太自私、自利、自滿、自傲，覺得自己是一個成功的主

體。我們並沒有想像中的偉大，是整個社會給我們幸福成功的機會。所以，我期許你們在未來的路上要懂得感恩。有時機，要樂意付出；有能力，要回饋社會。當我們伸出手，我們就與社會多了一份聯結，我們的世界，就多了一扇窗口、多了一處風景，我們生命的價值，就多了一份重量。這是成就了別人，也成就了自己。

人生的多彩多姿，不應是揮霍青春、充滿聲光效果的感官刺激，而是長長久久、實實在在的人生經歷。

Girls，你們才正要舉步了。

路，才正要開始，大步走吧！

你們的朋友 *Sandra* 2002.5.20

第三章

2003，最後的聖誕與狂傲的天兵303

Dear 303,

　　這個聖誕節是寒冷的，沒有放假、沒有party、沒有聖誕歌曲，可能也沒有什麼卡片！月考剛過，下週還有模擬考，聖誕夜裡，你們可能還要為明天的小考而努力。

　　然而，這個聖誕節也是最充滿可能性的一年，因為近三年來的努力、實力的累積，會使你們明年將在哪裡過聖誕，成為一件多麼不可預期的事！也許在繁華都市的pub裡開眼界？也許遠到東部或墾丁的海邊開星光派對？也許和女朋友吃聖誕大餐？還是只能從補習班所佈置的人造聖誕樹上閃爍的燈光，得到一點過節的氣氛？這個聖誕節是一個轉捩點，是決定你的人生起點向上轉或向下走的聖誕，一個不可預期的聖誕！

　　但我們可以為之努力，那帶來了希望！

　　看著你們每一個人的面龐，我常看到比較多的光明面和希望面，那是因為我是你們的老師，我所看見的，是我對你們希望的反射！你們在我的心中，每個都是光明而充滿希望的。只是我的一片善良心意，並不能在入學考試的試煉中真正幫得上你們，你們所擁有的光明亮度全在於你們自己。這一個聖誕，我希望是一個平淡卻值得再三咀嚼、省思的聖誕！好好為你們的目標而努力，同時記得你們擁有師長們最多的祝福與期待，在今年的聖誕。

　　Merry Christmas！

淑敏Sandra, Dec 12, 2002

給303的大男孩們：

　　這是一封難以起頭的信。在情感上，我很感傷即將到來的別離，可是面對你們這群嘻皮笑臉的天兵，我只怕我的情緒，或是可能奪眶而出的眼淚，會成為你們的笑柄，從最後這一節課堂，被你們嘲笑到畢業以後還樂此不疲。這像極了303的作風。

　　不過回頭一想，也只有你們303才能領著我去回味、再一次經歷當年我在師大附中那一段不枉癡狂的年少歲月。303夠傲氣、夠狂妄，我猜再也沒有一個班級可以囊括兩年班際籃球、排球、大隊接力的六面錦繡，看作是非我莫屬、理所當然的結果；還把拔河殿軍的錦旗貼在前門地上，讓全班踐踏、宣洩、排解高二唯一錯失的體育競賽錦標。全校除了303之外，誰能這般自負？但我就是執迷於你們這份狂妄與帥氣，那像極了我師大附中時的自己！

　　隨著高三下的到來，你們也為了升學而一一沉潛了下來。雖然也不失本色地掌握每一個可以小小胡鬧、娛樂自己、娛樂他人的機會。當我在303監考時，看著你們專注認真地應付手上那張考卷的模樣，你們的狂妄與傲氣轉移成對未來執著的爭取，這更加令我動容於這份男子漢應有的氣慨。長大了的男生應該要如此：要有夢想、要有追求、要有積極的行動、要有遠大的前景、要有付出的氣慨、要有不悔的真心。

　　這是我對303全體同學的期許。請你們不管走到哪裡、在哪種充滿艱困考驗的時期，都要保有這份男子漢的氣魄與胸襟。

　　送給你們我最愛的一首歌，也是我人生路上對我自己的期許。與你們303共勉！

夜的海邊

天邊劃過的流星　一轉眼　無窮無盡
天邊藍藍的星星　它依然閃爍晶瑩

海水不斷地衝擊　散佈著　詩的聲音
海水深藍得可以　水平線上　點點帆影

在黑夜的時候還能看到星星
這世界須要你我的熱情
若是你只能盲目相信命運
那就像水草跟隨著潮汐

船　它已經離港　隨著風　逐漸遠去
船　它有了方向　歸去　載滿星星
載滿星星

寫詩的三娘，Sandra
May 16, 2003 子夜

第四章

2004，努力做自己的
小木頭人 302

Dear 302的大男孩們：

在讀這封信之前，先問問你們自己記不記得，我跟你們說過一個小木頭人的故事——「你很特別」？

這個故事來自我先生的大學朋友。他有一雙兒女，老大小學四年級，為了某些緣故，在成長的路上曾有過一段頗不愉快的時光。後來他的爸爸，也就是我先生的好友，無意間找到這本書，陪著孩子一起讀，讀到最後一頁，他的孩子在「灰點點」落下的那一頁，掉下了眼淚。

從高二暑假，我臨危受命，來教202的英文時，至少有三位以上的老師，用警告的口吻告訴我：「淑敏，小心哦！這個班不好帶，很費心哦！」我一看班級的基本資料：二類組，純男生班，我不是才剛教完303，怎麼又來了一班同質性如此高的班級？而且202和303當中還有兄弟檔？

坦白說，我是真的戒慎恐懼地來教202，但我並不害怕。我覺得和當年的303一樣，你們多少都受到了一點誤解。有幾位同學在暑期輔導之後轉班，班上的上課秩序不是很好，班上沒什麼向心力、又出了一位大睡仙……這些事情，都讓人不禁要為你們貼上「灰點點」，而且感覺貼的人愈來愈多。

但我在上了幾節課後就明白事情不是這樣的。有不少的「灰點點」，是別人看到他人為你們貼上之後、無故跑來再給你們加上的！這令我有點心慌，我比較害怕的是，你們是不是也認為自

己本來就該被貼上「灰點點」？經過一個暑期輔導，顯然的，別人已經給你們定了位，可是，你們是不是也已經給自己「塑型」了呢？假如是，這才是一蹶不振的開端，以後伴隨而來的「灰點點」，才真的令人無法細數呢！

所以我來之後就一直告訴你們，別的方面我不敢擔保，可是英文，只要你們配合我，我們聯手一定大有可為。才一個學期，我們就得到印證了，不是嗎？我一點也不覺得你們不好教，你們是落差大，且缺乏動機！但是，一旦全班K英文的風氣成形時，你們對自我有所期許，你們的表現就愈來愈好，超前部分自然組不說，連社會組班級也常成為你們的手下敗將。對於你們已經達到的，我覺得與有榮焉。

二下，我們繼續努力，打好基礎。這段時間多虧信榮一直幫我，節省了我不少心力，我們一次又一次地檢討月考成績，不僅英文科，還有其他各科都是。想想該贏的，有沒有都贏了？要怎樣才能更超前一步？這一些，都是我們在贏得「金星星」的作為。

然後是三上，我們上著Robert Frost 的詩，講到人生的選擇；上到The Necklace，講到人用財富、名利來定位幸福，我真正的擔心才正要開始。我擔心的是：在人生的路上，你們有沒有理解自己真正的想法、真正的需要、真正的價值，並做一個配得上自身價值的選擇，為之奮戰？我怕你們會似懂非懂，懵懵懂懂地迎合家人、親戚，甚至師長、輿論，為自己的人生之路做了錯誤的決定？

我記得在The Necklace這一課中，我們談到了，你們會用什麼來定位自己、定位成功？你們會不會用英文成績來定位我和你們之間的關係、定位我眼中所看到的你們？會不會聯考後辦謝師宴，因為自己考得不好而羞於參加？你們記不記得我曾經說過，我看你們成不成功，不是考上了什麼學校、科系，而是看十五年後的你，成了家，有一份職業，有沒有愛家、顧家？有沒有樂於

自己的工作崗位？有沒有積極快樂地當人家的先生、孩子的爸爸、老闆的員工，或員工的老闆？是的，當積極、快樂成為我們每天面對生活的態度，我們的人生就是成功！我們的師生緣分無關社會地位、財富名利，我所關心、在意的，是真正的你們。

所以，在我看來，什麼是美？不是平均第一名就是美，不是滿分就是美，而是你們不計分數，努力地向上的認真才是美！是你們寫完十題文法錯七題，還一題一題地問，是美！明明很努力準備模擬考，考出來只有四十分，惋惜、捶胸之際，還在聽檢討、作筆記，是美！這些，都是態度問題！當我們出了校園，一切成敗都不再如同考試，會以數字來呈現，若你們沒有正確的態度，怎麼熬過似是而非的、來自他人的眼光，以及遙遙無期的、不一定會實現的成果？我相信再怎麼努力都無法確保絕對的成功，但我更相信，沒有絕對的努力，一定不會成功！如同你們準備模擬考，有時會感嘆：念了也考不好！但是反向思考，沒有念，一定更不會考好！那就安分地 K 吧！

在「你很特別」這個故事中，傳達了我很想對你們說的話：只有在你們在乎貼紙的時候，貼紙才會貼得住！

你們要知道自己的價值，珍惜自己，並且尋求一個途徑，好好地發揮自己！只有你們，才是成功的途徑！

你們都知道，我是一個基督徒。我的信仰讓我從對人生充滿抱怨到滿懷珍惜、從只在意自己到關心他人，那都是因為透過主，我知道我是值得珍惜的、我是被珍惜的！然後我才開始真正愛惜我自己，並且把內部的力量真正發揮出來。我期盼你們有一天也能感受到這一點。

願主的平安保守，一直與你們同在。

你們的ET淑敏, 2004

第五章

2004，溫火慢燉的306

Dear 306的朋友們：

　　畢業前夕，說要寫些什麼話給你們，感覺很奇怪！因為想說的，我都在課堂上和你們分享過。我是個藏不住話、藏不住心事的人，所以面對你們，我也從不隱瞞我真實的感情。雖然我的熱情High到最高點，一看臺下，又是你們那張有點◎&※＊的臉，頓時像十加崙的天山雪水當頭澆下。「O.K.！Forget it！」我常這麼結束一段談話。

　　兩年前，當我得知要和佩儀老師、貴芬老師搭配帶206時，我是很興奮的。心裡想了不知多少招式，要來教點不一樣的英文。兩年來，感覺我像是一團烈焰燒成溫火，因為你們添加的柴火實在不敷我的需要，於是我旺盛的火焰漸漸冷卻下來。說到這裡，你們可能會覺得有點難過，一封306的班級留言，我怎麼把你們寫得如此冷淡無情？不能說點溫暖、關懷、鼓勵的話嗎？孩子們，良藥苦口、忠言逆耳，我在306學會最多的，就是「調整」與「等待」。你們不是適和大火快炒的海產料理，反而是一鍋耐熱慢燉的煲湯。我若是個好廚師，就不會一味地用一種火候烹調，而是按食材來定火候。你們這道名菜味道如何，我無法掀蓋試嘗，只能等你們的時候到了，我才知道該揭曉的答案。

　　所以，由這點看來，這也不是件壞事，你們的「悶」，為的是要成就我的耐性，那我就心甘情願地被你們磨吧！激勵的話、分辨是非的話、關於鳥人的話我無一不說，只是我不能預設立

場，期盼你們都有如我預期的反應。我總相信，該說的，我一定要說；若這話不能造成即時的反應，我就等一等；若等到306畢業，我還看不到，那就等你們面臨到人生的關卡，在難關時想起我的話，你們就會懂、會去做了！

話是種子，應該說出口，種到心裡。至於何時發芽，就由它自己決定吧！

在高三的最後一堂課裡，我對你們期許的三件事，你們還記得嗎？

第一，赤子之心。不要因成熟而世故到遺忘了純真的心。

第二，正義的勇氣。在混濁灰暗的環境與價值判斷裡，要能明辨是非，並且不怕孤獨，站在對的位置上。

第三，實踐的力量。凡心之所繫，不要只是夢想、盼望，要著手去做，讓想望的事變成真實。這是306最需要具備的特質。我期盼你們能做這樣的完全人，而不是只會朝功利攀爬，只求做大事業、賺大錢，卻在每晚夜闌人靜時，心靈空虛，無法踏實。

我常覺得會讀書的人，常是比較會計較、不願吃虧的人，這使「得失」變得數字化。例如考了多少分，就該填到哪個校系，而忘了自己是不是真的對它感興趣；能賺多少薪水，就努力地去賺，卻忘了注意這份工作可以帶來的成就感和價值感；一定要和很有門面、很體面的男朋友或女朋友交往，卻不知如何印證你們是否真正心靈相契……我期許你們，要有赤子之心，才剝得開數字、輿論、虛假，看到真正的需要與質感；要有正義的勇氣，才能捍衛真愛與真義；要有實踐的力量，才能不怕苦路崎嶇，得到真正的目標及幸福！

306的朋友們，祝你們幸福！

永遠的 *Sandra*, 淑敏, 2004

第六章

2007，繁星般的307

307的星子們：

　　說道分離，說到倒數我們在一起的時日，「感傷」二字是不夠的。我也會猶豫、害怕、小心翼翼，一想到開展在我們面前廣大而未知的將來充滿何等的衝擊、變化和不確定，我就停住那踏出去、懸在半空中的一隻腳，心想可不可以不要走，讓我停留在原地就好？未知的將來像洪水猛獸，我能對抗嗎？

　　可是時間隨著指針輪轉，日曆一張張地撕掉，這都不是我說不，就會停止的。儘管我不願你們離開，但成長就是這樣：時候到了，你們就要準備展翅。把會飛的鳥兒留在鳥籠裡，翅膀就失去了存在的意義。我所能給的，就是耳邊的叮嚀、滿心的祝福。擦乾我的眼淚，用驕傲的笑容看著你們展翅凌空，說：「這是我的孩子，看他們飛得多好啊！」

　　所以，孩子們，你們放膽地飛吧！鬆開你們的緊握，才有飛翔的可能。我對你們有百分百的信心、百分百的期許，和百分百的祝福。

　　臨行，孩子們，請再聽我一言。

　　別忘了你們心中想要成為的人！別忘了你們的目標！你們將遇見形形色色、各種價值觀的人。這個五光十色的世界何其誘人！永遠有比「勤耕」更刺激好玩的事，引誘你們離開你們原本規劃的道路。如果你們沒有將「目的地」牢記在心中，漫長的人生將成為漫無目的的遊蕩，你們的彼岸何在？我這麼說，不是要

135

你們只學會累積一堆看得見的學分、技能、事件，過著光彩絢爛的日子，不是每個學期專心學一樣東西，把自己變得多才多藝而已。而是希望你不斷地把心中的Better Me逐漸塑出形象，然後不懈地努力，讓自己漸漸地像他一樣。這是你們想要成為的樣子，這是你們的目的地。隨著時空改變、人生經驗改變，你的Better Me也會漸漸改變，變得愈來愈清晰、完整、精緻。這是我一直說的「自我教育」。你們心中的自我形象會一直引領你，讓你們涉足花花世界卻不至迷失方向。

孩子們，要懂得自我教育，知道嗎？這是讓你們永不迷航的方向感。

之後，我希望你們勇敢抉擇，緊握人生的主控權。我一向說：「不怕忙，只怕白忙一場。」永遠有一條，不，很多條看似輕鬆、便捷的小路，讓你們閃躲困難煎熬的風雨。但是，捷徑很少帶來壯闊的風景。搭直升機上了玉山頂，所有的風景就成為一盤現成的速食，來得快，但永遠也不會銘記在心。勇敢地迎向挑戰、勇敢地抉擇，不要怕忙、怕衝撞、怕改變、怕放棄當下的安逸。你心中的Better Me，是你的導航燈。你們既然已經知道方向，就該勇敢地朝那兒前進，不然那目標的存在是沒有意義的；它只是個摘不到的月亮，一座美麗、虛幻的空中閣樓。

「因為抉擇，人成為他靈魂的主人。」

主動與被迫，也許我們都做著同樣的事，或許還做出同樣的成果。但在努力付出的過程當中，卻有著全然不同的心情。當你們放棄選擇權、交出主控權，你們就已隨波漂流。一樣有風景可看、一樣到了某地，只是我們有什麼可期待的？期待潮水帶我們所到之處盡是繽紛之地？難道要永遠由別人掌控我們快樂的權利嗎？原來人生只是一場順風車而已？再假如，根本沒有潮水

136

可言，你們只是一直待在原地，十年、二十年、三十年，一輩子……把主控權緊握在手！當環境不如己意，就奮力蓄積跳脫的能量，別眷戀著不扎實的安逸。即便情勢比人強，我們至少可以決定我們面對的態度；這便造就很大的不同。

孩子們，凡事操之在我。要勇敢地做明智的抉擇。

最後，記得永遠都要積極創造自我價值。

「你能做的，永遠比你想像的多。」團體慶幸有你們，還是巴不得你們不存在？你們對團體而言，是加分還是扣分？這一加一減，是兩倍的差異，這就是你們的價值。你們永遠有力量改變你們的周遭，為你們的朋友、同事、家人甚至擦肩而過的陌生人帶來安慰、喜樂、幫助，和努力生活的力量。你們有能力種下種子，然後讓種子自己選擇發芽的時機。我們都有能力做些什麼，只是常忍不住自我矮化，說：「我做了也沒有用。」或是「大家都不做，我一個人做會有影響嗎？」會有的，一定會有的！最起碼，我們不會停留在原地，和旁人一起抱怨，並把這份「怨氣」醞釀成我們每天所處的氛圍。一旦我們動了起來，改善看不過去的現狀時，哪怕力量小，我們都會覺得自己有力量，因而積極了起來，接下來才有可能吸引別人一同加入，改善環境和每天所處的氛圍。記得連加恩的那一句話：We can't do it all, so we all need to do a little.

你們一定可以做些什麼，讓你們自己，也讓周遭的人更好！這就是你們的價值。別小看你們能發出的力量。

你們有沒有想過，生命是如何彼此豐富的？我第一年教書時，我只打算把教書當成一個過渡時期的職業。之後有了三丙，才知道原來自己可以對人造成正面的影響，我便決定留在這個領域。接下來的幾年，我遇見各種不同的學生，自己也慢慢被改

變，充滿稜角的個性慢慢地被磨平。然後有了孩子，孩子從爬來爬去，到會提出一堆問題……我漸漸體會到，表面上看似我這當媽媽的在照顧他們吃喝，但事實上卻是他們在照顧我的心，滿足我「被需要」的感覺。因為他們，我知道我有能力愛人。你們知道嗎？就某一層面來說，你們和群岳、群芳一樣，你們讓我覺得自己的工作是充滿意義的。沒錯，站在講臺上的是我、滔滔不絕的是我，但如果沒有臺下一雙雙晶亮求知的眼睛，我的滔滔不絕能流向何處？當你們在卡片上祝福我生日快樂時、家長在回條上謝謝我的付出時，其實我是收穫最多的人！

這三年，對我來說是很大的歷練，也是很大的恩典。假如不是你們，我就不知道我可以熬得過去；假如不是你們，我就不會不間斷地嘗試新的教法；假如不是你們，我就整理不出我倚靠的帶班理念、我活水泉源的價值觀、我的信仰……為了把我相信的事物教到你們的生命裡，我內心多少次反覆辨證、苦思，尋覓最適切的方式表達出來，深入你們的心裡。

為此，我要謝謝你們。你們像一張篩網，讓我可以把自己一一掏出、分解、過篩，然後留下質精純粹。

孩子們，想著我是這麼的愛你們，你們懷抱著多少師長的祝福！我的人生，要歸功於太多人的善意。我出身貧寒，六位兄姐工作養家，我卻得到爸媽的成全，讓我完成大學教育。我的國中老師借錢給我讀大學，高中老師讓我免分攤房租，高三下住他的公寓，為大學聯考衝刺。連我初次就診的牙醫幫我裝假牙，都讓我自行分期還完醫療費用。我覺得整個社會都給了我機會，讓一個出身貧寒、毫無家世背景的孩子有力爭上游的機會。儘管現今的報紙、新聞如此唯恐天下不亂地、偏頗地放大著社會上的不公不義時，我仍相信事在人為，我仍相信人性裡溫暖良善的一面，

以及從中散發光輝的可能性。你們可以成為這種可能性，因為我就是一個活生生的例子。

　　你們是我種下的三十顆種子，你們要不要發芽、茁壯？

　　這是臨行前我最後的叮嚀。期盼日後，我看見你們各自在不同的角落成為亮星，在黝黑的夜空閃爍著光芒。這世界迷惘空虛的人很多，當他們抬頭看見天邊的星，就算是只有一顆，都會感受到慰藉、不再孤單；單單一顆，也勝過無星的夜。

　　蓄積你們的能量、迎向你們的星光。讓自己成為夜空中溫暖的力量吧！

愛你們的*Sandra, 2007, 6.09*

第七章

2003，給三丙的大學畢業叮嚀

Dear三丙的朋友：

離我上一封的問候至今，大約是兩年了！兩年前我還問你們，如何裝填自己大學的藏寶盒？是否裝入了廣架的天線、獨處的能力等等。現在，我所獲知的消息是：阿雅在中正犯罪防治研究所，待六月是否能寫成論文，碩士畢業；惠櫻在中興化研二，成了我的學妹；小黃完成教師實習後，考上師大音研所，今年一月去華盛頓作國科會計劃；家慧在臺南國中實習，被當成正規職員，操得很慘；Miss聽說在臺北的電信局工作；芳琪念臺大研究所；敏齡在天母某一家二手書店上班；婆婆在臺北實習完，現在也不知跑到哪兒去了！兩年前在小黃的畢業獨唱會上，我還遇見雅淳，非常成熟美麗；最誇張的是，美芳的高中兼大學同學，現在竟與我在同一辦公室，成了我的同事，歲月真是不饒人啊！

其實大多數的人都成了「失聯人士」。我猜想，你們可能很難想見我教書十二載的心情，隨著每一年接手一個新的班級，教到畢業、脫手，再來一班、再脫手……我很慶幸自己磨掉了當年的青澀，卻還保留了教書的熱情。十二年來我一直如此，也感謝這來來去去當中，眾多學生給我的回饋與支持。然而，儘管我給了每個班級我的真心，我仍然要說：三丙是獨一無二的。你們考上高中、到考大學、到大學畢業，現在有人都快碩士畢業，或已

經在工作了，我對於三丙一直是心存牽掛，更存祝福。我期望你們每個人都過著自己想追求的生活，而不是他人要你們追求的生活！

為了下一步，或者現在有人正在經歷此一階段，我想和你們分享我對工作的感覺，尤其是這教書的十二年中，真正令我執著於教職的心路歷程。

十二年前，當我自中興外文系畢業，其實只想找一份高薪的工作，好來償還我大學四年的助學貸款，並負起養家的責任。因緣際會地，我放棄日亞航的空姐工作，選擇任教東南，考量有三：一是我有能力。大學四年的家教經驗，我自信對教書可以駕輕就熟；二是薪資不錯。東南允許我夜間開課，假如我日夜都教課，一個月要賺四、五萬，不成問題；三是大學老師的推薦。所以儘管人地生疏，我提著簡便的行李、吉他，媽媽幫我催了輛計程車，送我到西螺，七月八日我和月華老師借宿梅樓一夜，隔天就開始了新的人生。

而當初會成為二丙的導師，是因為我向劉主任毛遂自薦，要求帶最頂尖的升學班，也果真如願。那兩年，因為你們，我在東南留下最美好的回憶。我有幸與淑禎老師、建義老師、木忠老師搭擋，共享同事們共患難、共成長的難得情誼。之後的兩年，我取得合格教師的資格，並開始厭倦太過簡易、沒有挑戰性的國中英文，我積極尋求轉換跑道。對我而言，教授知識，是我一個英文老師，佔時最多、最基本的職責；而教導人，則是教職生涯中最精彩的一部分。然而，我實在不想日復一日重覆著沒有挑戰性的教學內容，於是我揮別東南五年，考上金山完全中學，爭取任教高中的機會。那時，要揮別一個溫暖而熟悉的環境，對我真是個徹夜長思的痛苦決定，但是不展翅，我就無法發現新世

界。當年我考上金山和臺北縣的國中，但我毅然選擇地處偏遠的金山，放棄臺北縣，因為想教授高中教材，正是我轉換跑道的主因。

我離開了東南，在金山兩年，儲備了教授高中教材的能力，也認識了我先生，戀愛、結婚，同時又要再面對另一次痛苦的決定：放棄我在金山帶了兩年的班級，在他們升高三的時候，為了結婚而離開他們，搬到臺中。這也成了我教書生涯中最大的遺憾。所幸我和金山的學生都彼此珍惜、祝福，他們也很爭氣，為金中第一屆畢業生揭出傲人的榜單。

然後結婚，為了在臺中定居，我考了六所學校：彰女、女中、文華、斗中、一中，最後考上臺中縣的清水高中。那一年的廝殺，可以挫盡所有應考老師的銳氣：當年文華是六十六人取一人，我笑說考上的是超人；清中七十八人取三人。（看來我的能力還不算差。）期間我也一度想放棄，沒有碩士學位，令我大大吃廝。那時儘管我在斗中的教務、訓導、輔導、英會、英語、及教學六關考試都名列第一，我依然錯失上榜的機會，連最有把握的斗中，我都失手！這真讓我沒勇氣再考下去了！若不是我先生一直從旁鼓勵，現在我不知道會在哪裡！

好笑的是，教書從一開始就不是我的職志，它頂多只能算是一個過渡時期的工作。我原本打算工作幾年，就要回去念外文所的！只是這一路走來，我漸漸發現我喜歡做和人有互動、有成長的工作。我覺得自己可以給人帶來正面的影響，是件很棒的事。校園環境也很單純，共事的老師之間也多有真心的對待。以致我一天待在學校長達十二小時也不厭煩。帶三丙時，還陪你們晚自習、賞月觀星，陪你們到晚上九點多才下課，但我樂在其中。

我想說的是：你們所找的工作，在投入了相當的時間之後，

你們會不會有像我對我的工作一樣的熱愛與甘心？我在教書三年之後，就確定我要再繼續下去，時日愈久，我愈篤定。假如有一天，我對學生不再有關懷、有熱忱，我情願提早退休，不要讓學生看到一個有知識卻沒感情的教書匠！

女性不同於男性的是，女性為了照顧家庭，工作常不能擺在第一位，最多只能和家庭並重。若是一個職業婦女想要闖出一片事業，這似乎就意味著家庭將成為必要的犧牲。但是，上班的環境，一天八到十個小時都是我們的生命，它不該只是為了溫飽而已；它應該能成就你們的成長、你們的奉獻、你們的熱心，進而成為你們對社會正面的貢獻。當你們工作了二十年之後，回想自己做了什麼，你們應該要能問心無愧地面對付出的青春歲月，甚至驕傲以對！

但是面對凡事量化的社會，薪資似乎成了最大的考量。我衷心期待，你們不要被蒙蔽了！賺錢固然很好、很重要，但生命的意義與成就更重要，更無法重頭來過！在這個瞬息萬變、不安的年代，試想假如我們當中有人不幸染SARS，要撒手人寰時，這個社會不捨的，難道只是一條人命，而不是他曾有的成就，或是可能創造出的價值嗎？

我要強調的是：工作並不只是一份薪水，背後包含著責任而已；它應該要含有很重的enjoy的成分。選擇工作不可能事事盡如人意：「錢多事少離家近，位高權重責任輕」，還加註著橫批「睡覺睡到自然醒」，或「數錢數到手抽筋」。enjoy 和duty，在外人看來，我們的外顯行為並無太大的不同。但對身在箇中的人卻有天壤之別。你可以領高薪，卻提不起腳步走進辦公室，或者迫不及待地想離開辦公室。每天耗八小時，耗二十年在這種心態上，這是怎樣的人生？人賺得了全世界，卻賠上了自己，這是

怎樣的價值觀？enjoy不是工作的全部，但它絕不是我們可以輕忽的一個重要考量。所以當你們要開始工作或考慮換工作時，請你們要投入工作，並好好體會：Do you enjoy your job？Or you just fulfill your duty？你們必須正視你們可能可以創造出的、無法量化的生命價值。

我也深感社會體制的不完美、政客操控的腐壞無能，但是要過怎樣的生活，我握有大部分的主控權。與其作夢要求別人給我們一個完美的環境，不如自己動手打造來得實際。

你們工作了嗎？你們找工作了嗎？我只是一個中學老師，在一個體制破洞很多，專家老是意見不一，卻又有主導權的工作環境裡待了十二年。但我有學生、有好同事，我又可以照顧到兩個可愛的孩子和愛我的先生，我覺得上帝真的很眷顧我，給我源源不絕的恩典！我和你們相差十歲，把我看成十年後的你們，在十年後，你們想成為一個怎樣的人、過怎樣的生活？

祝福你們早日找到答案！

Sandra, May 20 , 2003

第八章

2004，給歷屆畢業生之一

Dear friends,

　　我是Sandra，你們曾經的英文老師。今年暑假，我正走到教書的第十三個年頭，有點故意、也是碰巧，若以二十五年可以退休來計算，我現在正好走到一半。我看看過去、想想未來，試圖要畫出人生的路線，我決定要做一件麻煩的事——寫信給我歷屆教畢業的學生。哇！我大概要寄出四百多封，寫住址寫到手軟！然而，我還是決定要寫，不然十多年之後，我都快退休了，我仍會因為不曾為想做的事情起頭而感到遺憾。這封信的收信者如下，請你們對號入座！

1992～1994：　雲林縣西螺鎮東南國中三年丙班
　　　　　　　Sandra的青春全記錄，自中興外文系畢業後的第一份工作、第一個班級。三丙畢業後，Sandra自此決定以教書為職志。

記憶導火線：　暑假實習老師報到，跟著我導師實習的東海研究生，正是三乙莊淑臻的高中同學，一報出當年三甲、三乙、三丙考上臺中女中的同學大名，哇！我都還記得，倒背如流。

1997～1998：　臺北縣金山鄉金山完全中學二年孝班
　　　　　　　Sandra轉戰高中的第一站。之後因為結婚而到臺中定居。無法將二孝帶畢業，成了Sandra永難彌補的遺憾。

記憶導火線：暑假在溪頭巧遇當年金中的轉導老師林詠茹，二人
匆匆交會，當年皆為單身老師，是一同遊獅頭山、
跳石海岸、吃海產的同伴，現已是兩個孩子的媽，
二個家庭在溪頭餐廳巧遇……

1998～2000：臺中縣清水鎮清水高中三年九班
Sandra初到清中的導師班，當時是205班，高三改班
號309。高三上群岳出生。309畢業後，Sandra決定
長留清中，將清中當作日後長久耕耘的學校，不再
轉戰市區高中。

記憶導火線：暑假七月三十日同學會，在Sandra家烤肉、游泳，
二十四人與會。一相聚，時間又拉回到當年309
happy的時光。好像是英語聽講課上，顏坤仁那組
在臺上煮火鍋，用臺式發音的英文介紹火鍋料。

2000～2002：清中 301 與 304
記憶導火線：每天在學校和你們的班導孔祥偉夫子和蔡秀幸大姐
相處，叫我如何不想到你們這兩班？

2001～2003：清中 303 快樂天兵班
記憶導火線：暑假七月二十三日在學校對面YoYo聚餐，來了十六
位吧！說好我請客，結果我先去買單時，大家就乖
乖把錢收好！一袋零鈔、銅板，我幾乎用了兩個禮
拜才花完！

2002～2004：清中 302 與 306
記憶導火線：指考成績一覽表與紅榜，恭喜各位了！自從領
成績單之後，每天都有畢業生回來找老師閒聊打

屁。這個現象一直到九月十二日大學陸續開學後
才減少。

1991～2004：　雲林西螺→臺北金山→臺中清水
記憶總引爆：　一大疊卡片，大張、小張，教師節、聖誕節、感激
　　　　　　　的、道歉的、詢問的、臨畢業的，就在我整理家
　　　　　　　裡，收拾零碎的東西時，再重新翻出來看，花了兩
　　　　　　　個下午才看完。

　　這個暑假對我宛如一個時光隧道，我隨著這些記憶導火線，
引爆對這些歷屆畢業生的回想。我相信生命就是一次又一次人與
人的交集。而這些交會，可以成為一個水塘。它可能隨著日光曝
曬而日漸乾涸，也可能持續因交流而有活力注入，醞釀出我們生
命當中所需的養分，刺激我們活出更有活力的人生。為此，我選
擇後者，並決定當拋出第一塊磚的傻子，努力爬格子，寫這封畢
業班通訊，耕耘這一片田地，希望引來你們的美玉，我想我們或
許可以因此而相互滋長。

　　　　　＊　　＊　　＊

　　309 的同學會給我的感觸最深，也讓我再一次確定，我對學
生所抱持的教育目標是對的！辦成這個同學會，上婷要居首功。
上學期末我走過市場，經過財生百貨上婷的家，我算算309 的孩
子們應該畢業了，或在念大四！我走進財生，想問問上婷的媽
媽，上婷再來有何打算？結果，遇見的是上婷本人！成功瘦身後
的我，讓上婷剛開始認不出來。我請上婷找人聚一聚，同學會就
是這麼來的。

　　共計二十三人，在四點二十分後陸陸續續來到我家聊天，準備烤肉的東西，到移駕泳池邊烤肉、游泳，吃飽後再回我家聊天續攤，直到九點鐘！聊些什麼呢？我三哥的大女兒成了坤仁的學妹，而坤仁打算考法律方面的研究所，立志以後當獄警（這是什麼志願？）貞廷帶了十二張爵士CD來給我聽，我很努力地品嘗，深感貞廷爵士的功力已經遠遠超過我，然而青出於藍更勝於藍，我覺得很光榮。建易沒再念大學，他選擇了在高雄法式餐廳學技術，以後可能會去美國學得更專精，日後當個大廚。屆時一定要告訴我，我一定闔家光臨，分享你的榮耀。而令我最驚訝也最開心的是吉米。吉米在大三那年去了日本當交換學生，印象中安分保守、very local的吉米，跨出了一大步，變得very international。經過一年的磨鍊，他的日文已是呱呱叫。不過吉米說，他最後悔的是，沒把英文學好，不然他就可以和來自墨西哥、西班牙等歐美國家的交換學生有更深一層的交往。（不過他說，是我教得很好，而他沒好好學。）各位，英文是一項利器，我已經印證十多年，這項優勢還沒被推翻過。明憲要去當替代役男，如願的話就會待在梧棲，還住在家裡。聽說這種文教單位的替代役男，最容易引來小女生的注意，看來明憲的日子好過了！聚會到一半，文翔打電話來，他正在瑞士 Interlaken山間的小木屋裡，自助旅遊已經三十多天，上了少女峰後再一陣子就回國。文翔大學四年的目標就是這個，而今他如願以償。我充分感覺到文翔的耐力、毅力和勇氣，活得很有光熱！浚豪在軍中當班長，曾操過自己的國中、國小同學，難以想像他嚴肅帶兵的樣子。他表演了一下，眾人臨走前列隊在我家門口，他以口令向我這位班導報告完畢才解散眾人。退伍後，他想去爸爸在美國的代理商那裡工作。他說日後有一天，他會出現在財經版上，我衷心祝福他！一凡自始自終

都讓我覺得，他會是個有為青年，他在同儕間、師生間的應對進退，一直都令我讚賞，他說要先當兵再說！琮彥現在體格很好、很壯。曉如瘦成一張小臉。慈惠上電視臺演戲，時髦嬌美的模樣，與高中俐落的名嘴形象大不相同。名珊十月要去東京念語言學校。郁茹留在臺北補習，準備考研究所。還有很多，膳菁、慧娟、雅媛、梅雅、文宏、凱瑞、虹嫻、彥宏……而建宗闊別四年，一點也沒變！

我覺得很開心，並且對 309 每一個成員充滿祝福！我最高興的不在於大家念得成績有多好，而是覺得大家找到了自己的目標，努力朝著自己要的方向走！我問建易：「在餐廳上班辛不辛苦？」建易說：「辛苦哦！比念書辛苦多了！不過，在餐廳學的東西比較實在！」我問貞廷會考外文所嗎？貞廷說念英文和文學差很多，所以他想考翻譯所，我想這就對了！念翻譯所比起念外文所，是更明確的目標！而我看著同學們拿著上婷的手機，輪流跟文翔講電話，我的心不禁替他的電話帳單滴血。不過，我感覺文翔真的成熟、獨當一面了！他能在國外自在地行走四十多天，他自立的程度可見一斑。看了他在Pinex上的旅遊照片，真恨不得那是我！

我深深覺得，經過這四年的淬鍊，309 的孩子們長大了，懂得獨立思考、判斷目標，找到方向並積極快樂地活著！我認為大學四年之後，孩子們就應該要能決定自己的路，並且用自己的力量走自己的路。出了大學之後，一個人的能力、表現，都無法像學生時代一樣，可以打分數，用數字來量化，EQ的重要性遠勝過IQ。能不能自立？懂不懂得思考？有沒有實踐目標的能力？願不願意為自己的選擇吃苦？七月三十日的聚會時間不長，但我覺得我看到的，讓我很放心。所以我一點也不擔憂，相反地，我滿心祝福大家，一路高飛，有好風景！

＊　　＊　　＊

相較於309，我摯愛的三丙已有半數都踏入社會兩年了吧！失聯的人頗多，但我偶爾收到來信，這些分享、鼓勵、感謝的話語，讓我更加確定，當年我並沒有因為教書的青澀，而擔誤三丙人的學習生涯。算一算，育琳和美芳也在教書了，小黃則是教書之後，體驗到自己真的不適合當老師。他說學生罵他三字經，他則回罵得更難聽。各位，我已經成了老師的老師了。想來，覺得自己真老！

三丙人，你我相遇最早，別斷了聯絡。日後你們會發現：只有三丙人能共同分享屬於東南的回憶。而我，可能會成為你們回憶最好的媒介！當大家再相聚，時間、空間的阻隔會完全消失，我們又再度回到國中同學的世界裡！你們記不記得我曾經教你們，如何計算兩人交情的數學公式：把你們的年齡當分母，你們認識的時間當分子，隨著年齡越長，你們的交情就越趨近於一。由此想來，三丙的同學怎麼能丟呢？快聯絡吧！

＊　　＊　　＊

近期和我聯絡的二孝成員，就是阿秋！每年我生日快到時，就會收到阿秋寄來的、自己加上插圖的卡片。最近一封信上，他說他在爸爸位於基隆的公司當會計，算帳算三、四次，分別得到不同的答案。（這個厲害！）他就不相信，算他個三十次還會不一樣！每次我回基隆，尤其是遇到年節時期，我就會想到結婚頭一、兩年的過年，總是二孝的同學把我從婆家一大群人的混亂之中解救出來。跟你們聚在一起，我總覺得你們真的很單純，即使從小小的漁港流轉到大都會，給我的感覺始終沒變。我曾在臺中西屯的肯德基遇見劉心怡，在沙鹿新天地大賣場遇見魯蛋，（他

們倆都念靜宜，所以遇得上）。有好幾次，我走過基隆一連串的公車站牌前，我都在想：我會不會正好碰見誰？這樣的想法持續很久，但一次也沒應驗過。在溪頭巧遇詠茹老師時，我回來想了很久很久，還把照片和畢業紀念冊都翻出來。這一段金山的回憶被押在箱底。與其說遺忘了，不如說不想讓自己再一次覺得愧疚和遺憾，畢竟，我無法更改什麼。若不是這次巧遇，金山的記憶可能就越放越褪色。現在翻著畢業紀念冊，真的，很多人我都記不起來了！Sorry，同學我都記得，我想不起的是教職員。也是有感於此，我才決心寫這封畢業通訊。那種記憶成了片段、無法串起來的感覺很恐怖！像生命中某個片段遺失了一般！

　　我們可以約好，94年的農曆年再相約基隆聚餐嗎？

　　　　＊　　＊　　＊

　　颱風來的前一晚，304 的玉文來我家聊天！我們住在同一個社區，我11號，他18號，但是可以碰面聊天的機會真的不多！301、304 今年要升大三了。一年前，我還曾寄了一封大學備忘錄給你們，至今，不知道你們完成了多少？大學四年，最青澀的兩年已過，你們應該已從「偶像的幻滅」中得到成長了，現在你們應掌握住資源、學會調配時間、找到學習的寶庫，把接下來的兩年運用得更充分、更有效率，用小學生的態度過大學生的生活。幾乎我們可以說，大三、大四時，沒目標的人很閒，有目標的人很忙，因為他們在和時間賽跑。當你們可以選修的課堂多了，我要請你想一想：大一、大二兩年，你們學到了些什麼？做了些什麼？剩下的大三、大四，你們想要學什麼？想要再做些什麼？

　　你們是否已經學會真正獨立思考？

　　你們是否找到你們的目標？找到人生的光熱？

山佐 的帶班手記

記得畢業前夕，我給你們的信嗎？我把它摺得好好地，封在彩色的信封裡，寫著你們的名字！你們要不要再讀一次，提醒自己，是否遺漏了什麼？

*　　*　　*

狂傲的 303 聚在一起，怎麼聊都是笑聲不斷，聚會來了十六個人吧！根據統計，除了真理大學以外，其他校系都用原文書（當然有些很容易找到中譯版）。阿草念中興土木，連考試都用英文出題，而且不是給一張答案卷，是給一本答案本！我要大聲疾呼：英文好，是很有用的！阮子峰改了名字，叫……還是叫芋仔好了！他要去當浩呆的學弟，因為中原念了一年，還是搞不懂在念什麼！而浩呆在警專二，現在正在實習，聽說曾經跟著去抓過脫衣陪酒的！書漢說東吳資訊很難念，念五年的人大有所在，用功並不能保障平安過關。他打算明年考轉學考降轉，反正一樣要花五年的時間。說了一下腎虧的往事，可惜我不認識女主角！文源坐在我隔壁，畢了業，我們反而比較有話聊。

我總是覺得，教303的兩年時間裡，我說的笑話，總是比我的人生經驗來得受歡迎。嚴肅的氣氛，很難在303維持很久。所以在此，我也不多說什麼人生大道理，只盼你們還能對自己的未來，像當年你們發下豪語，要囊括六面體育競賽冠軍錦旗一樣的自傲，而且像事後證明的一樣，你們至少拿到了五面！

*　　*　　*

302和306的同學們不時出現在學校裡，現在也常看到攜伴同行的。你們正要去品味諸位學長姐的歷程，當然，是用你們自己的方式。我想對你們說的話不多，但盼你們能張大眼睛，好好

思考。不要太急近，多讀好書，多與人深入地談話。大一是適應期、觀察期，在掌握全局之前，不要莽撞、匆促地做任何重大的決定。你們應該是最興奮，最迫不及待要體驗大學生活的一群。不妨看看先前學長姐的歷練，勾勒一個概況圖，試著找到自己的大方向再說！如果你們能將日子都過得清清楚楚，那已經是非常不容易了！

　　順道提醒你們，別忘了替重考的同學們加油打氣！他們雖然走得慢一點，但只要方向正確，未來的路，他們可能會大大超前！

　　　＊　　＊　　＊

　　我現在帶高一語言資優班。帶他們時，我一直想起我國中念資優班時的情形。想到當年我的導師怎麼帶我；我的各科任老師如何發揮十八般武藝地教導我；我的同學如何優秀，激發我遇強則強的潛力等等。若要說我現在的人生好像在重複我的過往，這一點也不為過，只是我現在扮演的角色大大不同。我還寫信給我資優班的導師，告訴他我現在也在帶資優班！各位，你們日後也很可能像我一樣，有機會重新走一次自己的過去。屆時，我希望你們是肯定自己多過於懊悔或感嘆！當你們把每一個步伐串在一起，就會看到你們的路徑！抓對方向，才不會有迷路的危險，才不會浪費太多時間在歧路上。至於你們的方向，只有摒除外界的雜音，用心聆聽自己的心聲，你們才能找得到。這是一輩子的事！

　　問候我所有心愛的學生。我想對你們說，因為你們，我的人生變得豐富！

　　May God bless you and keep you！

Sincerely yours,

Sandra 淑敏, *September, 3, 2004*

153

第九章

2004，給歷屆畢業生之二

Dear friends,

Sorry，在陸陸續續收到一封封的信函後，我原本是一一整理，希望不讓每一位來信的同學失望，將我的回話寫在這一封回信上。後來我發現，這樣「完美」的要求，會使信永遠回不出去，第一，太耗時了！第二，信件沒有截止日期，我一直都在段落中增補話語、回覆較晚的來信，回得沒完沒了！我想我得和現實妥協，不然這封回信將遙遙無期。因此，這期畢業生通訊當中，你們得在字裡行間尋找自己的姓名，不必再對號入座！

從信寄出後，懂得我虛榮心的同學們就把信件寄到清水高中，當然也有寄到我家的，我家的信箱從沒有這麼熱鬧過。謝謝你們的來信，總是讓我迫不及待，把早餐扔在一邊就先拆信；或一邊拆著，在走到教室上課的路上快速讀完。晚上和我先生分享你們的信件、討論，常常是從晚上十一點多聊到一、兩點，聊完後心裡激盪未平，又是輾轉許久才能入眠！感謝主，因為我主動和你們聯繫，才有機會讀到你們對現今生活的反芻。雖然工程浩大，但總覺得值得！這樣就夠了！

和師丈聊你們，尤其是正值大學生的這一批，師丈做了很好的結論。他說：大學像一個轉折點，向上轉和向下轉的人都有。抓住機會主動學習並積極安排生活的人，他的生活是高密度的，時間是永遠不夠用的。當畢業踏出校園時，他已經裝備完畢，可以進入社會的大染缸，去品嘗另一種多彩，這種人的大學生活是向上翻轉的力量。當然，也看到一些時下的年輕人，不修十點以

前的課，專挑營養學分下手，打工是主業，讀書是副業，打工賺的錢買手機、車子，畢業時人生沒有規劃，一片茫然。我很怕看到青春歲月是如此糟蹋浪費！這樣的大學生活，是向下沉淪！

　　近期我一直收到荒野協會寄給我的電子郵件，讀到一段話，覺得很有道理：「到頭來，人們真正擁有的，不是他們所留下來的，而是他們所付出去的。」我慶幸在我們相逢的日子裡，曾經彼此真心地交會過。我記得我教303天兵班時常說：「喂，我是用生命來教你們的！用心點！」我教書一直都很賣命、很累，但很值得。我所付出的，就是我現在擁有的！由這一點來衡量，我覺得自己很富有。我現在最常和學生說的話就是：「不怕苦、不怕累，只怕虛度歲月！」你們的來信分享了很多生活的甘苦，充滿了自己意志選擇之後堅持的毅力。301的雅雯念靜宜，雖然才升上大三，但忙碌與充實，早使得他所學到的超過別人的雙倍，大三就和研究生一起待在實驗室，不容易。還有文化森林保育系的鈞媛，你的來信令我動容，你真的長大獨立了。面對自己的未來，我覺得你拿出最佳的勇氣與毅力，而且還樂在其中，看到你，像看到當時的自己。我把你的信和我的107分享，謝謝你帶給他們的激勵。而亞萱也在大學過得很精彩，當舍長管宿舍、當雲門義工，又在實驗室做計劃！你們三個人過得很充實，很好！304的雅雯在屏師初教系，過得也是百分百的扎實生活，雅雯贏在積極的態度和對原則的堅持，這點不簡單，也是日後將你推向成功最大的動力。

53屆　306與302

　　大學新鮮人的生活似乎人人不同，不少人住宿，身在異鄉，不知道你們熟悉環境了沒有？你們寫來的回信，一一告訴我，新環境對你們所造成的衝擊，不過大抵而言，你們似乎都調適得還

不錯。煒泰的來信寫到他的新體認，我覺得很好，一定要和各位分享：「高中時，我總以為課業較社交關係為重，但上了大學，我發現我錯了，會讀書的人，我們學校很多，但真的會領導、擁有豐富社交經驗的，卻是少數。因此，在我心中已經隱約出現一個我真正想成為的『我』，所以我的生活有了目標，我要成為一個真正能活用智慧的人。」說得很好，我也很希望大家早日找到自己的目標，用力朝著目標前進。

政嶸小可愛常在發呆，直到電腦搬到宿舍才有所改善。你說功課不應擺在第一位，那你要把什麼擺在第一位，你曾認真考慮過嗎？佳吟的「微積分」成了「危機分」，跟我大一時一樣，不過我被當了，所以佳吟，你要努力！詩涵早掃東海校園，很辛苦哦！掃完別忘了把樹名記一記，不然真的白掃了！秀珍拿到汽車駕照，而且差點就要出國留學！現在他也要重來一年，給自己一個更好的選擇。聖閔選上班代，我相信，自此你的人生會有很大的不同，你的精彩才正要開始。璃瑩的護理系，有一堆人要和他們聯誼，記得排好學期計劃，一一完成，別太早就被追走，除了男友，一事無成哦！淑惠，謝謝你給我滿滿的感謝，十分溫馨，我會一直一直努力！翔惠也在歷經「偶像的幻滅，是成長的開始」。不過他找到很不錯的老師，而且漸漸體驗到中國藥學的人情味，很幸運！子儀，謝謝你兩大張信紙的分享，我對你很有信心，我相信你會在學科與人文上都有深刻的省思與收穫。You always have my best wishes.

302的政弘說，我以前上課講的植物介紹滿有用的，是啊！我也很高興能教到像政弘這般的學生，認真、貼心，能百分百收到老師發出去的訊息並加以思考與珍惜。在教學的路上，一直有這樣的孩子讓我更賣命地演出，這是種良性循環的雙贏，我願意成為循環的起頭，但是因為大家的付出與加入，才讓循環啟動

之後可以一直轉動下去。經閎在東吳，寢室像個小聯合國，有兩位瑞典資優生和一位菲律賓資優生，完全不會說國語。這寢室生活勢必像實用英語會話課，這一門免費學分，是很多人很羨慕的哦！他還加入系籃，等著和身高一百九十公分的學長搭配第一時間灌籃。我拭目以待！信榮回來看我，帶著對大學生活很大的失落感。看來，不是每個人踏出的第一步都踩得很穩。你們已擇其所愛，再來要愛其所擇，學著欣賞自己現今的處境，並找到「著力點」。我一直都說，上了大學，不是所有的問題都解決了！相反的，一切的問題才正要展開，新鮮人要用信心、行動與智慧去面對。你們有力量讓自己活得更好！嘉良修的學分和別人不一樣──遠距離愛情。他暑假認真體驗賺錢的辛苦，現在，他不想再搬貨了！

52屆 303天兵班

George、Lucky和翊仔三人分別代表執筆，寫卡片給大娘、二娘與三娘我！他們三人打籃球、組團、打電腦，但成績仍保持一定的水準，Lucky第一名，George第三，翊仔則是不小心也拿了第一名！口氣之狂妄，不改當年！柏宏，謝謝你給我的肯定與鼓勵，我很讚許你念書的態度與扎實。書漢，其實你若想通了，就會了解，轉不轉系，都有你發展的空間，抓住你可以掌握的，是實現自我的第一步。佩聖，我沒事，我還努力地活著！大餅，我在國際街牛肉麵外看到過你，一樣是一小撮人，笑得很開心！浩呆來信最晚，我讀完就哭了。你說以前對大學的憧憬，在進了警專之後就再也抓不到了，不過你不後悔，在救了第一條人命後，你體認到這是一份神聖的工作。浩呆，你走的路和別人不同，看到的風景自然也不一樣，但是你能體認到自己工作的價值，這就像我講的：我不以你賺的錢或社會地位來定位你成功與否；我只

看重你有沒有在自己的崗位上盡心盡力，發揮自己的價值。這一點，我也要告訴我所有的學生們。

51屆 301與304

鈞媛、亞萱和雅雯，是我心目中理想的大學生，前言已略提，這裡就不再說了！鋅雅，恭喜你拿到獎學金！保重身體，小心騎車哦！佩吟，讀不讀研究所，不是隨著潮流，而是要看你自己真正的「想望」，沒有足夠的動機，多念書不一定會帶來什麼保證！佩靜，我一直記得你，不必擔心我認不出你。曉雯，你很努力，也替自己積極爭取，用這樣的態度打拚你的人生吧！玩遍很多地方，但也要注意安全！我還是常看星星、月亮，連群群和芳芳也一樣哦！純薇，我祝你早日找到方向和值得發光的目標！乃惠，抓到了方向，下一步就是拿出力量來執行，好好利用剩下的兩年。靖雯，你的作業光碟我收到了，Thank You！雅雯（304），謝謝你送的書，我會好好享用的！

49屆 309

許久不曾聯絡的淑靜來信，還有雅君、玟欣，真的好久不見，收到你們的信，我覺得很安心！因為知道你們都好，沒有失聯。Barry的來信讀起來像意識流小說，不過放心，我都看得懂，謝謝你寄來自己設計的卡片，我看了很久，還和同事討論，覺得東西很炫，線條很現代，只是，what is this？有人猜跑車，我以為是水龍頭開關。上婷念彰師大藝術教育研究所，在自己的希望和大人的期望之間妥協，確實不易，不過如果抉擇了，就好好欣賞自己的處境，愛其所擇；最怕無力跳脫現況，又抱怨現況。欣賞自己的處境，會比較有積極的動力。郁茹很拚命地為研究所做準

備，擇其所愛，為所愛用力付出、用力燃燒！信件中最令我動容的，是亭仰的信。亭仰變好多，瘦了四十公斤，變成了陽光少年，走在路上，我想我都認不得！很高興你和我聯絡，讓我知道你已經走出自己的青澀，找到自己的自信與方向！祝福你，亭仰。

金山高中的社會人士們

你們的來信，最讓我有老友重逢的感覺！阿同和淑敏都在服務業，阿同寫英文信給我，我好感動！他在田寮溫泉當櫃臺，還接待外國客戶。淑敏過得很豐富，在廣西桂林住了三個月，增長不少見聞，我好想你。逸婷在基隆的中國信託上班，銀行工作很累，但我相信，逸婷是很專業的；玉雯在龍巖當處長的特助，是個磨鍊經驗的好位置。欽彥準備考研究所，想做，就努力做吧！他感覺到，「耐得住煩」是成功的第一步，真的長大了、成熟了！文宗在澎湖當兵，捎來明信片；高娟鉅細靡遺地說了這五年裡的變化和成長，謝謝你的分享，有時人生的困境，像是繞路的風景。你繞了些路，體驗到的自然也成了你的成長歷程的一部分！而阿秋，謝謝你為我一一記錄了大家的去向，我才有個概略的了解，照片很精彩！游世芳在高雄餐館管理接受嚴格的訓練，我們班真的對服務業貢獻良多，加油喔！另外，君潔和阿信在大葉念研究所，君潔是班上第一個念研究所的嗎？

先和你們約定，下一個春節年初二在基隆聚一聚，吃個中飯好嗎？就這麼說定了！

東南三丙

三丙的回信還真是「屈指可數」啊——三封！育琳說看到三丙在通訊上佔的分量那麼少，真有點不平衡！唉！真要那麼說，

我才不平衡呢！虧我都對學生們說：三丙是我的第一班，最難以忘懷的一班。不抱怨了！育琳在國小教書，男友在臺北，歡迎你們相約來臺中找我，我請群群彈琴、芳芳跳舞來娛樂你們。瓊瑤跑到基隆教國小，臺灣的最南和最北，他都去過了，真了不起！他說會走上教書的路，就屬我的影響最大──我想也是！我可是打從一開始就要當紅牌老師呢！他說思戎放不下對英文的興趣，去英國讀書了。等待他學成歸國！另外，我想對芳琪和其他的失聯人士說：我們都會偶爾想到東南的過往，覺得溫馨、天真，想起時嘴角多了一抹笑意！多年後，當你們想起你們現在所處的環境，也希望你們是充實多於感慨。我們如何經營當下，決定了我們未來如何回想現在。把你們的日子過好。年輕只有一次，三丙的同學們，你們再年輕也沒幾年了！（哈哈！）提醒你們，部分住址更動的人，若你們聯絡得到，請不吝轉寄信件，我也找不著瑩嬰和小黃的新住址，我實在很想聯絡他們。

＊　　＊　　＊

這封回信，就當作是我的聖誕卡吧。我一向最喜歡過聖誕節了，今年我一樣會帶著群群和芳芳去東海過耶誕，也許我們會在校園裡相遇喔！我的日子很忙碌，有群群和芳芳，還有我107班的學生，我很快樂。我的身體還好，頭部腦下垂體的腫瘤都在控制當中，沒有惡化。倒是有一點年紀，身體機能大不如前了。學會調適壓力和對自己的要求，是我目前的功課，我也在努力當中。謝謝你們的關心！期待你們的來信，只是下一回通訊，大概要等到有心得時，再與你們分享。再聯絡了。

Merry Christmas! Lord Will Watch You And Keep You.

Sandra 淑敏, *Nov. 10, 2004*

第四篇

清中記事——淑敏通訊

第一期

鴻智事件

親愛的朋友：

　　這是淑敏的第一期通訊，用來交流一些生活上的感想，聯絡我們之間的感情。從上學期末，我就萌生了寫通訊的念頭。所謂的通訊，是我大學的團契互通週間訊息的書信，讓契友們可以更了解相互的生活，進而有更緊密的聯結與關心。至今我仍收到教我大一英文、帶我信主的老師的通訊。十六年了！多虧有通訊，才能彌補時間和空間的相隔。我想，我們身邊一直有著大大小小的事情發生，過的日子是忙忙碌碌的，我們心裡總因著這些人事而有所感受。面對這些感觸，我們最常的作法就是：唉！有機會就說一說，但老是沒機會、或沒時間的情形反倒比較多；然後，感覺就過了，我們又再投入下一波的忙碌。這樣對嗎？好嗎？我們在工作上的努力，是我們對社會的貢獻，也是我們的責任；而我們在生活中種種的感想、我們的質疑與思考，才正是我們的成長，是我們應給自己的福分。我寫通訊，是希望可以集結我們對生活的感想，彼此刺激成長，也讓身邊發生的事情有個脈絡，好在日後往回看自己時，有更清晰的記錄。

　　而激動著我此刻動筆、把想法付諸實行的，是鴻智的離開。

　　首先，我最想說的是，鴻智，祝福你。

　　其實，早在鴻智去二中應考時，我大概已經料到事情會這樣。想想當時鴻智來考清中的那一年暑假，我挺著大肚子在一旁聽試教。十二位老師中，屬雅卿最璀璨，而鴻智一口標準、流暢

的英語，在燠熱的夏日午后，平穩地催發睡意……（原諒我，鴻智。）後來鴻智正式來了，任勞任怨地做key in、分析考題等事情。第三年，鴻智當了英文科召集人，他帶的305班在畢業典禮上，將他的背插滿了單枝玫瑰，樣子活像是國劇裡的武生。此時的鴻智正值經驗充沛、最好用的階段，所以他考上二中，我一點也不驚訝。倒是得知他還在徬徨猶豫，讓我不太能理解。這麼一來，要用人情留住鴻智，似乎很有希望。明知二中對他來說會是一個更便利的工作環境，我們不少人卻期望能說服他留下來。這其中有著不捨的感覺，及更多的遺憾……

那天，我和鴻智談了一節課，說到抉擇的衡量、優缺點的衡量、具體條件和心靈條件的衡量、風險的衡量……總括而言，要能做正確的判斷，所仰賴的，就是智慧。舉例來說，二中離鴻智家只有十分鐘的車程，毫無疑問，這是最吸引人的條件。但如果權衡老師對學生能做的正向作用，也就是影響力，這是一股師生之間真正的互動、回饋、關懷的力量，那麼，在清中我們可以做的，就比在二中大多了；我們在清中能找到槓桿的支點撐起的重擔更大。說白話點，二中的孩子們不若清中的孩子們那般需要老師的引導。我們一席與君長談，一番為孩子的心，在淳樸的清中，引發他們更多的迴響，進而影響他們、帶領他們往正向、高遠的路行去。我以為，以此考量，每天十分鐘的車程，似乎顯得薄弱了。

但這一好一壞，並非是應該考量的唯二因素，還有更多的，像是鴻智的姻緣指數、翻譯事業的發展環境、家庭因素……這些都要權衡在內，加上未知的風險，更使得這個抉擇如此困難。（唉！誰教我們不努力給鴻智牽紅線？要不然，清中也不會在這個衡量中如此屈居弱勢。）

164

　　我這些情緒上的激動，後來就平靜了。因為鴻智說，他在讀聖經，尋求主的方向和引導。聽到這裡，我就安心了。鴻智有主陪他，我何必擔憂他迷路了？這個說法，不知你們贊不贊同？然而我心裡清楚，來自主的引導，比起用優缺點比來比去更抽象，但它確實會帶來真正的平安。當面對著這樣的抉擇，基督徒通常是先禱告，再求主賜予智慧，接下來才是比較，用人的角度，也用主喜悅的角度去衡量。做了初步決定後，再禱告，然後修正，再禱告，直到心裡平安了，也就是內心不再猶豫、反覆為止，這個決定才成了！所以嚴格說來，人該盡的心力，基督徒並沒有輕忽掉。反而是盡人事、聽主命。基督徒必須更冷靜，才聽得到主的聲音，做出合主心意的決定，而不落在人情世故、是是非非的攪擾中，白白地憂煩了自己。

　　所以，鴻智有主，我不再擔憂、不捨。

　　說完鴻智，讓我來講講雅卿、簡愛和英劇社期末公演吧！看完了英劇社期末公演，覺得雅卿在清中的行徑，可說是「錦衣夜行」。怎麼說呢？你們應當知道，夜明珠在黝暗中會發出光亮，但是大白天裡，看不出它的不凡。雖說雅卿的才藝是我們早就知道的，但是看到舞臺上的他，整個人發光發熱的模樣，就像黑暗中的夜明珠一樣。他太光亮了！可是一離開舞臺，雅卿就把光亮隱含在白晝裡，平平靜靜地當個英文老師，默默地籌劃教學及社團的事宜。如此，他不就等於是穿著錦緞美裳走在暗巷裡？若不是英劇社公演，我們哪看得到他發光發亮？這一進一退、一動一靜，都讓我折服於雅卿這位了不起的六年級女生。

　　然後是簡愛，他來自嘉義協同中學，爸爸是牧師，弟弟簡道生讀我們學校的音樂班。協同是我以前很想去的學校，以英語教學著名，從國一開始，英文課就全程用英語教學，完全不能說

中文。我曾去應試英語老師，二十五分鐘裡見識到學生的英文實力。當我要求全班國二學生念一篇文章時，他們一致的、流暢、標準的發音和腔調，讓我像是站在美國的課堂裡。他們最起碼有高一的程度。我不知道簡愛來到清中後，有沒有感受到環境大大的不同？但我真正好奇的是：假如沒有英劇社，沒有期末公演，那除了英語演講比賽之外，他會在哪裡找到他的舞臺？他有沒有屬於自己的舞臺？他會在何處找一群志同道合、共享汗淚的社友？沒有了這些，清中之於他，還剩下些什麼？假如留在協同，他會有更多在能力上匹敵的對象，可能可以激發出他更多的潛力，但是他會像在清中一樣，有同等的機會，如此亮眼嗎？其實問這些假設性的問題，沒有太大的意義，因為我並不是想評斷什麼，或做出什麼結論。我反倒更體驗到：在環境改變之中所蘊含的機會，以及機會錯失的遺憾，會帶來多大的可惜！由此再回到雅卿身上，雅卿實在是個貴人，讓許多學生，包括了簡愛，有一個光熱的舞臺。我相信這對英劇社的同學來說，絕對是難忘的經驗。

辛苦雅卿了！

這個暑假至今，你們做了些什麼？我自己有一點小小的成就：淑敏在七月二十九日當天完成了單車壯舉：從清中門口騎腳踏車，一路沿著中港路騎回臺中西屯的新家，在傍晚涼風徐徐下，騎完全程，耗時七十五分鐘。厲害吧！這一事件，大概可以讓我吹牛吹個好幾年。（這本是我的天性啊！）本來只是想把單車弄回家，後來是被先生激將，心有不服。他說我要是有辦法騎回家，就給我一萬元賞金。當別人都很訝異我為什麼要這麼做時，我自己反倒覺得沒什麼不可以的。反正，騎不動就下來牽著車走，頂多就是走完上坡路而已。有了這最糟的打算，心裡就篤

定許多。這時不做，以後的體力更不可能這麼做了！那天騎十五分鐘到沙工，再騎十五分鐘到靜宜，牽車走到弘光，打電話給我正在待命的先生，他已換好步鞋，隨時準備接手。之後再騎到加油站站前，半走半騎地上了坪頂，又過了三十分鐘。從坪頂到理想國經都會公園旁，一路下滑到我家的社區「鄉林大自然」，十五分鐘就完成了。

　　如此聽來，你們想不想試一試？

　　這一路上，讓我對每天來來回回的路，多了不一樣的感覺和觀察。我發現，要到沙鹿，騎腳踏車比坐公車還快。我看到路邊的一戶人家養了三隻小山豬。荔枝林那一帶，酸腐的氣味，暗示著產季已近尾聲。過弘光後，某個路段有著一片頗為原始的林子，林中有不少燕子。而在坪頂之前那一段路騎腳踏車，是會引起機車騎士側目的。種種觀察和感覺，都成了日後我開車經過時的另一種思緒。我猜想，對於每日既定的事，熟悉會增加效率，而改變將增加新奇與樂趣（就某一層面而言）。若我改天用雙腳走完全程，那感受鐵定更深刻。不過我想這一回，我先生不會再對我用激將法了，他可不想再虧損他的荷包了。雖然是我騎完全程，但他從頭到尾待命，也不輕鬆啊！

　　鐘云在北師，要到八月底才會回來。他男朋友很爭氣地考上臺中縣國中教師，分發到后綜完全中學。這麼一來，婚後就不必兩地跑了。鐘云真有幫夫運！保惠和秀珍在彰師修課到八月十四日，他們兩人和我保持失聯的狀態。靜瑜正在適應新崗位，他的聲音常透過麥克風出現；他還考慮辦大型的活動，假如經費許可，他想找雲門舞集二團來校演出。願他成功，那必定能造福我們。還有一些有的沒的消息，再聊了！等大家都回到臺中時，我們再聚會送鴻智吧！

　　這個暑假就快接近尾聲，感嘆著暑假結束的心情，就跟感嘆每學期結束差不多，只是前者憂而後者喜。通訊寫不寫，時間都會過；但是寫了，我們比較會記得怎麼過的。所以，如果你們有任何回應或感想，歡迎你們也來淑敏的下一回通訊添上一筆，更歡迎你們也來寫自己的通訊。

　　祝你們平安！

Sandra 淑敏, 2003，8月

裴蕙回應淑敏的第一期通訊

　　以前我最怕淑敏靠向我，因為我很不習慣人家的熱情。但好一陣子沒看到他來找我，心中也會有一些些的失落感，雖然我仍然很怕他靠過來搭肩的感覺。

　　今天收到那麼一厚疊的文字時，實在有一些負擔，還不至於沉重，因為看得出他是「熱情釋放」而已！

　　當了雅卿幾個禮拜、每個禮拜兩節課的學生，我也感受到他的吸引力。上課，面對這麼多的學生，什麼都能講，什麼「鸚鵡作糞而化」、「他爹裸睡，火災逃難」、「他娘肚皮上因膽結石劃了三刀」……包括「他的前任男友溫柔體貼地陪在他身邊看他嘔吐……」我坐在下面，一面聽一面訝異，怎麼這麼「沒心沒眼」地「挖心掏肺」？而且又都講成笑話，那才是高招！而且我發現，他也是「趕盡殺絕」。不同於我的是，我的「趕盡殺絕」是因為我的好奇心、求知慾，希望讀我看得懂、能解我「生病」困惑的書。我隱約覺得雅卿的「趕盡殺絕」帶有濃烈的「好勝爭強」之意。也許他希望他的「高」，是能有「高成績」出現；而

「敝寶班」還真有人把月考前的「十九張」英文考卷在兩、三天內「殺完」！我也真服了他們師徒倆！

　　另外嘛！已經走了的那個鴻智，不講給你們聽，我會覺得遺憾。他剛來的時候，我偶爾不經心地跟他打招呼「一下」，只見他舉手作招呼狀，臉上的笑容「有情」地停駐良久。後來有幾次，包括最後一次要走之前，我也分析他在清中的「用處」給他聽。我認為我該說的都已說完，卻見他「深情款款」地注視著你──請注意喔！不是我自作多情，但我總是看到他「不自覺的放電」，那種傻兮兮的笑容。我曾經跟曾貴芬說，他將來搞不好會惹來不少麻煩，不知不覺中已經放出去很多感情，然後他還整天抱著他的字典……

　　算了！我的感覺太多，今天是被淑敏引了出來，改天我也懶得講了。反正，日子要過、書要教，能盡多少心就是多少了，我可沒體力像雅卿一樣「挖心掏肺」。雅卿，請保重了！

裴蕙

第二期

責任與光熱

親愛的朋友們：

　　這是淑敏的第二期通訊，謝謝你對第一期通訊的迴響。開學了！你們的忙錄，是不是已經從一團雜七雜八的事，進化到有條理脈絡的階段？這個學期，淑敏輪到擔任科召集人，就為了開個教學研討會，心情起伏上下、忐忑不安了一個多禮拜。到會開完了，心情還沒平復，停留在更多的質疑和省思之中。

　　說給你們聽吧！

　　剛出來教書，和教了好幾年的感嘆，是大大不同的。在一個環境久了，熟悉了事務的運作之後，也漸漸對體制或人事的缺失有了更深的看法。我記得大概是教書第三、四年，當時我還在私立國中，我的感受特別深，覺得了解校務、配合校務，是件好複雜的事！我好想只要好好教書，只要好好教英文就好！不要去買聯考簡章、報名什麼的。到了金山高中更誇張，我還得老遠地跑去臺北新店某國中招生！當時覺得：能夠單純地教書就好，那真是我最夢寐以求的幸福！我很感嘆地對同事說：「杜甫感嘆文人漂泊的生涯，曾說：『安得廣廈千萬間，大庇天下寒士俱歡顏』。有沒有一個學校讓我只要教書就好？我一定會用盡心思，把英文教得很精彩。」

　　我的同事說：「淑敏，等你找到了，帶我去！」

　　連單純地教書，都顯得奢侈、不易。

　　這樣的幸福，我在清中倒享受了幾年，尤其是週末班、夜

170

間班的負擔除去之後。而現在擔任科召集人，感覺好像好運用盡了、報應來到了！英文廣播雜誌拉里拉雜的事不說，還有雙語網站的翻譯工作，外加語言實驗班的籌備事宜等等，我隨便就可以列出我手頭上好幾件在忙的事。太久沒在這樣的位子上，我發現，我真的膽子變小了，有些能力也退化了，我變得更容易害怕了！

怕什麼呢？

第一，怕攬責任。

長得越大，越覺得teamwork實在不容易。召集人一旦答應了某些「業務」，免不了每位英文老師都會多了些負擔。於是會議上常是一個方案下來，大家討論到後來，一定會回到責任歸屬的劃分。常常是劃分出去的多，勇於承擔的少。遇到眾人之事，主導人更不敢一口答應。當官腔的體恤或讚美言詞溢於會場之上，其實往往含著無力的暗示，到後來不是無奈地接下，就是搓到別的單位去，或者不了了之。而無奈地接下之後，由誰來做？這又是一番考量與運作了！這若是在私人公司，員工抱持這種態度，只怕這家公司什麼也做不了。沒有企圖心、沒有競爭力，百年老店的招牌也只能等著被拆！假如公家的機關學校都只顧自己的一小部分，來圖得「穩定、保障」的生活，想來，還真是無力、無奈。若是對照到私人企業或學校，保障少之又少，退休金沒幾毛，但碰到對大團體有利的政策時，你被分派到了，你就得做，還得做出成績來，不然就是降級、走路。我本身從私立學校走到公立學校，圖的也是「穩定、保障」，這一來，我自己似乎也站不住腳，陷入矛盾的選擇。我很想振臂疾呼，只是手臂後頭還接著肩頭，肩頭又連在軀幹上，軀幹下還有走路的雙腳，我沒有把握，這個軀殼是不是要往這兒走？走得動、走不動？我這手臂也就不敢舉了！

覺得自己很無能，無法破解這樣的消極，也不夠膽子做更積極有力的決定。從這一點來看雅卿，我真的打從心底讚佩他的決心與無盡的付出。只要你們看過英劇社的演出，你們就會同意我的說法。雅卿值得清中最響亮的掌聲。

第二，怕自己變了，變成自己不喜歡的那種人。

如我第一點所說的，我陷入矛盾的選擇。我很怕我自己變得官腔、怕事，很像公家機關的那種人，只因為這樣最安全、省事。暑期結束那週，公視播了雲門舞集的記錄片，一連五天，我和我先生都靈性滿滿、知性滿滿，覺得滿懷希望、滿腹夢想。臺灣有林懷民、有雲門，我們就有熱忱和力量。我怕這個可以帶著我升空的汽球，會不會在「穩定、保障」的大環境裡漸漸消氣、乾癟？我會不會被制約成擅於劃分責任以逃避責任的人？

我覺得安逸的生活過久了，自己也退化了！長久處於一個安全、熟悉的圈子，我漸漸不知道，如何在複雜的環境中做種種攻防？但是，要時時刻刻做攻防，這樣的人生也未免太累人了！於是我陷入一團迷思，努力的在其中尋求一個平衡點。我仍看著雲門、看著林懷民，在極限與甘願的座標中，試圖找出符合方程式解答的圖形。該感謝的是，這樣的體認沒來得太晚，讓我還有力氣接招。感謝身邊的同事們都很溫暖，總是盡力提供幫助。如果錯過這個機緣，也許我可能會安逸太久而變得陳腐了。趁年輕時多遭遇事情、想想事情，總比沒能力、沒力氣去應對時，再來受折磨好得多吧！

其實接了召集人，也不全是負面的感覺。我們還是成就了一些事。因為校長的大力支持，我們已經延請到外籍老師，來校教授高二的週末英語班。另外英語實習老師潘思含，也將開辦高一以純英語上課的英語會話班。這對校園、對學生來說，都是件好

事。我自己一想到校園裡開始有特別的、不一樣的風氣，我就滿興奮的。所以想想，在這位子上，也有可以成就的事，這對我的生活又帶來了利他的價值。真好！

其實，以我的智慧，是無法解答這些迷思的，我只能與之和平共處。畢竟，這世界沒有十全十美的事。我並不沮喪。

鐘云十月二十三日要結婚。他一邊教課，一邊念北師大書單上的書，還要買家具、設計裝潢。我們即使坐在隔壁，閒聊個二十分鐘都嫌奢侈。美惠課很多，二十四節，還橫跨一、二、三年級，他說這下子讓他更年期提早十年到來。保惠和千鈴相依為命，在忙碌的時刻當中，特別懷念鴻智。我也是啊！我好想把清中網站雙語化的工程，外包給鴻智。他的能力，是大家安定的力量。

當大家都還在適應學期初的新座位、新作息時，第一次月考就這麼催促著到來，好像連秋天都提早了。日子一忙，大家之間的距離似乎都變得更大、更遙遠。其實這類似的忙碌、匆促，你我都有，只是我們忙的事情不盡相同。不管怎麼精簡地使用時間，二十四小時永遠都嫌不夠。怎麼分配給工作、朋友、家人和自己，這真是一門藝術。我只想說，願你我的關係如涓涓細水，綿綿長流。忙碌之中，我們的關懷不減，支持一直都在。忙碌的縫隙中，別忘了互相傳達溫暖的訊息。還有最重要的，找個時間，大家出來聚餐吧！別忘了：聚餐，是有其必要的。聚餐，是一種生理需求！

問候你們。祝你們平安！

Sandra 淑敏, 2003, 9月24日

P.S. 通訊寫不寫，時間都會過；但是寫了，我們比較會記得怎麼過的。所以，如果你們有任何回應或感想，歡迎你們也來淑敏的下一回通訊添上一筆，更歡迎你們也來寫自己的通訊。

第三期

結婚與改變

親愛的朋友：

　　抓到了一個節奏：似乎學生準備月考，我的通訊就快出刊。第三期的通訊已經寫了一半，本來要為你們介紹一部HBO的自製影集《六呎風雲》，寫好了存在電腦裡。好死不死，電腦壞了，然後影集也播完一季，現在已經不播了！所以，我只好重新執筆，並且再三提醒自己要備份。再忘記一次這個基本動作，淑敏就請所有收通訊的朋友們吃飯！

　　想說什麼呢？還是想說「忙」。（應該說是從沒閒過！）這個學期是怎麼回事？忙得很不對勁！忙得越來越孤僻、孤單，離人群越來越遠！這種不對勁一再印證，從開學至今，沒紓解過。本以為開學後上了軌道，情形就會漸漸好轉。NO！它越轉越遠離我們共同的圓心！你們也有同感嗎？我不想再這樣下去，明知離正道越遠，又怎能放任著它到學期末，然後只以一個「忙」字總結，允許自己的生活向下沉淪，一直到期末時，我們已習慣了人情的疏離？

　　先來談談改變，好嗎？

　　要說將要改變最多的，先是鐘云，再是保惠。這兩位女子都正在歷經結婚的進行式。在這之後，他們的人生將有很大的不同。

　　誰敢說，婚姻只是人生中變奏的小插曲？我想不會的，我們應該說，婚姻之前，都只是前奏；婚姻之後，才正要進入副歌，並自此開始重覆唱個沒完沒了。親愛的鐘云、保惠，我不是在嚇

唬你們，但你們確實走到一個很大的轉調，而且所有的變異，將永遠出乎你們的意料之外。所謂「計劃趕不上變化，變化比不上長官的一句話」。真正的試煉，永遠是那些無法臆測的考題，讓你們無從準備、無從培養實力，但你們就是得上前答題應戰，見招拆招，不得喊停！人生真正的曲線，是自己無法描繪的，你們唯一的利器就是：相信它，也相信自己，相信自己是一直往好的方向走，畢竟生命會自己尋找出路，Life will find the way. 沒有一種生物會放棄求生的可能，除非已無退路，它才會裝死！沒有人會自願沉淪。我們還在努力著，是因為我們都希望求得一個更好的生活狀態。（這是「抄襲」侯文詠的話，不是我說的。）

鐘云和保惠走入婚姻，也讓我重新回想，自己當時為什麼要結婚？（是啊！你為什麼要結婚？）當我二十六歲，人生正自由燦爛，可以隨心所欲，不是很令人羨慕嗎？一直有人追，一直談甜甜蜜蜜的戀愛，保持所有的可能性，不是很好嗎？為什麼要安定下來，將所有可能性拍板定案？然後，把可以掌握的人生，壓死在家庭責任的五行山下五百年。之後，再陪那個相貌堂堂，卻除了決心之外，無一點自保技能的唐三藏，去尋求一條救贖之道？

我已經結婚五年多！我的感覺是：正好相反。正因為婚姻，才使得所有可能性成真，不論好的、壞的、喜的、樂的、悲的、痛的、願意的、不甘心的，都出現在生命當中，而且更不可預期──這才是人生的真貌。有點像學生準備模擬考，總是背不完的居多、憑實力的居多、出乎意料的居多！假如當年，我沒遇見一些夫妻，看著他們因為婚姻經營出令我羨慕的生活，才知道原來一加一是可以大於二的，我絕不會放棄自我掌控性高的單身生活，勇敢迎向婚姻之路。那幾對夫妻讓我見識到，其實結了婚，因為愛、因為彼此的信念，可以創造出真正屬於兩個人的生活，

175

　　而且永續經營，無懼風浪。隨著年歲漸長，兩人的豐富，永遠是一個人所無法成就的！能真正面對這些不可預期，才真正接納了一切可能性。主動過濾、篩選變異、風浪的人生，算不上是真正的人生。那有點像一直在模擬考，卻沒報考聯考一樣——缺了點真，即使它看起來很真！

　　所以，我要大聲鼓勵，祝福這兩位勇敢的女子，不，是四位勇敢的男女，迎向真正的考驗，要用「同心」與「真愛」來面對，開創彼此的可能性！

　　這麼說，是不是很激勵人心？是不是很浪漫？

　　我也從這一番回想結論之後，告訴我自己，要用什麼樣的態度面對改變，包括不受歡迎的改變。舉例來說，我本來很不樂意看見鐘云嫁得這麼早，也擔心保惠這一嫁，會不會有可能離開清中、離開我們？這兩個姐妹淘各自步入婚姻之後，我們是否仍然常常相聚，像以前這樣吃飯、八卦、聊天、相互打氣？也許，這兩個女生會不爭氣地陷在他們各自的二人世界，把我和千鈴這一班姐妹淘一腳踹開，只有委屈時，才會找我們喝下午茶！我們就要變成「備胎」，也說不一定！

　　只是，有可能都不改變嗎？姐妹淘們有可能一直守著彼此，永不分離嗎？連慾望城市中那四個都會女子的際遇，都尚未有定局，我們這批姐妹淘，憑什麼可以永遠維持著這樣的吃飯聚會？假如真的如此，一次吃飯聊的，和十年吃飯聊的，又有何差異？停留在原地的快樂，到底是不是值得期待的？若不敞開心胸，接納無限的可能性，我們的關係會一直都有活水泉源嗎？我怎麼會一直擔心，怕彼此的關係會自此不再？我們的友誼會如此不堪一擊嗎？

　　不，我不相信。

　　從這個觀點，我對「改變」也比較釋懷、比較勇於接受了！本來，我對計劃之外的事，常常抱著排拒的心態，而且常常積極去安排自己想要的方式。現在，我稍微能對計劃之外的事一笑置之（因為我還在練習），或比較不帶負面情緒去處理，因為「變化」才是常態！就這一點，我自己終於變得比較理性、比較勇敢一點！

　　關於這個，我還可以從另一個觀點切入。

　　從上個學期開始，我就纏著淑賢老師，請他帶我查經。每週一個小時，我們在校園的涼亭裡禱告、讀聖經。他送了我一本考門夫人的《荒漠甘泉》，成了我勵志的靈糧。這本書當中，不乏如火炬般的文字，照亮我思考的死角。俗世的我，抗拒改變帶來的種種不便、適應，甚至困苦、勞頓。但是，我常常忘了，只要我願意，我有主可以當我安息的胸懷，我有祂可以依靠。我一直企圖依自己的習慣、用自己的力量去解決問題，從人的思考出發，後來又落入人的無力。我忘了祂的恩典要加在我身上，我有強力的依靠，根本不需害怕、恐懼。於是，面臨事情時我覺得不平安，就先禱告，求主給予智慧、給予信心。之後，我便不去計較、不問why me？多了一份順服，更多了一份信心，去坦然面對這些不受歡迎的改變。「神的恩典不能使我們逃避風浪，卻能使我們經過風浪。」是啊！那我就更不需懼怕。不害怕了，心裡就更踏實了！這一轉念，我就獲得釋放了！

　　面對鐘云、面對保惠，我不僅是滿心的祝福與支持，我更要為他們兩位努力祈求我的上帝，要讓他們力上加力，在幸福中珍惜彼此，在困難中更彼此珍惜。

　　開學至今，這算是我最大的頓悟了！這學期的忙碌，是一門功課，要我學會用另一種態度去適應改變，而不是期望一切都

像已往習慣的作息。改變是一種機緣、是一種新鮮，是新的可能性。與其還沉浸在熟悉的慣性裡，去抱怨現在的變化，不如早點看清現狀，調適後走出不切實際的期待。That's it！

　　問候你們。秋涼了，保重身體喔！祝你們平安！

Sandra 淑敏, *2003, 10月27日*

雅雯回應淑敏的通訊

　　晚上到興大上課至今，生活仍慌亂到毫無頭緒。即便如此，只要是現代文學的課，我仍深深感受到當學生的幸福！而這有一半要歸功於鍾云。

　　上學期二月間，我仍對自己的未來感到茫然，對於要投考的研究所，仍在兩系之間舉棋不定。兩者都愛，但若將其一變成考試，便會在壓力之下顯得索然無味。一次在中庭慶生時，鍾云突然問我今年是否參加考試，然後他告訴我：「我今年要考，而且我建議你，把考試這件事告訴所有的人，即使壓力很大，但這會逼得你非考上不可！我們來互相監督對方的讀書狀況吧！」

　　我當下驚訝的是，一般人不會如此甘犯大不韙地言明投考的決心，深怕事後丟臉；在我求學的女校，強大的競爭風氣之下，我已經很習慣大家散發「假訊息」，說自己熬夜看言情小說的人，總是第一名，雖然很幼稚，但卻很真實。

　　後來，透過琪琬知道他們倆的很多考試資料，都是鍾云提供的，而且兩人常互相砥礪、勸勉、討論，我很喜歡這種良性競爭的方式，以及真誠的心靈。

　　所以那一天之後，並非我已找到考哪一系所的解答，而是突然不想再給自己時間去決定了。

　　我也因此突然想通，若對兩個系所都有興趣，任選其中之一，都可能因而虧待它；再者這樣的時代，人生也應該保持「雙軌」進行。

　　而這是鍾云促使我決定的。

　　同時我也愈發體會到，好朋友真的是一個極為關鍵的角色。考前匆忙的準備期，我靠的並非實力，而是雅卿對我的信心。

　　我真的相信，在人生中一個偶遇的人，會在無意間讓人生轉折，可是我們自己都未曾發覺，這才是生命最令人感到驚心動魄的地方。

　　　　　　　　　　　　　　　　　　　　　　　　　　雅雯

美惠回應淑敏的通訊

親愛的朋友：

　　本來這學期打算忙過去就算了，一天接一天地，過完就好，心裡雖有些不甘心，可是也無力去做什麼大改變，課還是要上（有些班級還讓你上到很累，累到心涼），總覺得過完這個月、這個學期，一切總會過去，過去就好了。淑敏接著出了三期通訊，一波波、一次次地激起漣漪，偶爾也撞出一些浪花，但很快又被忙碌的生活沖刷掉了，只留下模糊而零星的記憶。就如淑敏所說的，寫下來，至少知道自己是怎麼「過」的。

　　前天在沙鹿的風尚人文咖啡館巧遇了我剛畢業教書時帶畢業的學生，六十一年次，未婚，在臺北待了六年，今年回來念弘光，提到未婚的理由是害怕負責任，我實在想不出什麼好理由來說服他結婚好，可是也不認為不結婚比較好。只是告訴他：結了婚，身分變得更多重，讓你更認識自己，知道自己可以完成更多事。有時候，你知道有個人在等你回家，那也是一種幸福。

　　結了婚、有了孩子，我其實是在完成這些事之後更認識自己的。那天我和先生談到：如果以結婚五年後對對方的了解和認識，剛結婚時，其實我對你並不熟悉（我很肯定必須用這個詞），我很驚訝我為什麼敢跟這樣一個並不怎麼熟悉的人在一起。他倒說他不懷疑這個問題，因為他一直沒有改變。

　　我其實是和「現在這些家人」在一起，才知道自己有哪些「能」和「不能」，哪些「願意」和哪些「不願意」。我可以怎樣兼顧教書和帶孩子，怎樣成為好伴侶，也告訴我的先生怎樣成為我的好伴侶。我告訴他們我小時候的故事、我的成長經驗、我的父母的教育方式——因為他們全然沒有參與。不管是不是覺得我機車，我女兒即使不喜歡我為他準備的麵包，我也要跟他計較一番，才讓他出門；不管他喜不喜歡聽，我也要跟他闡述做人的道理，這些都會成為他和他「以後的家人」共同談論的話題。這樣的方式成就了我的一生。

　　我把兩個女兒都送去補數學了，這跟我原來的想法很不一樣。我以前是很不能接受的，有沒有人可以告訴我，為什麼成績好的也去補習了？為了這個事，我難過了很久，不過現在好多了。

　　最近從輔導室借了一本書——《暗夜倖存者》，作者徐璐談到他如何走出被強暴的陰影，書另有三個主題，讀完後頗有感觸，很想約幾個好友共同分享，有興趣嗎？

　　大家都辛苦了，生活雖然忙碌，提醒各位姐妹善待自己，對自己好一些，才有力量去愛別人！

美惠, 92.10.30

P.S. 淑敏的話：交流的關係，如同雅雯通訊中呈現的友誼如此真誠動人，這也是我最期望經營的，在各位分享淑敏通訊的朋友之間，最美的可能性。

第四期

聖誕祝福

親愛的朋友：

淑敏的第四期通訊，向你們問候：聖誕節快樂！

這似乎是個倒吃甘蔗的學期，到了第三次月考，同事們開始活絡了起來，飯局多了、出遊多了，心情也彷彿跟著輕鬆多了！是啊！一進入十二月，我的第一個反應就是：聖誕節快到了！隨著一波波冷氣團帶來的低溫，冬天似乎才真正帶來聖誕節的感覺。

和你們分享我們各自的近況。先說我自己的。

第二次月考，為了小小地慶祝我先生一篇報告上了國際期刊，我邀他去綠葉方舟吃飯，之後去勝興走一走。就在勝興車站南方，步道旁的路邊停車場，我的提袋放在駕駛座旁的座椅上，整個被偷走。小偷拿走的提包裡有我的錢包、證件、信用卡、大哥大，外加兩百塊。我發現時已經兩點十分，連忙和我先生去打電話掛失卡片，趕到三義派出所備案，再趕回臺中拍大頭照，並趕到文心路附近補辦身分證。拿了身分證，火速殺到監理所補辦駕照，在當天五點十五分把這些手續全部完成，過程分秒必爭、驚險刺激。雖說是個不愉快的經歷，但一路上也真是有主的祝福，才能在驚險急迫中，靠著陌生貴人的舉手相助，讓我們趕在五點公家機關下班前完成這繁複的手續。

怎樣的祝福？怎樣的碰巧與剛好？怎樣的舉手之勞？

先是我們在三義派出所備完案，我瞥見戶政事務所就在旁邊，戶政人員說身分證一定得回戶籍地補辦，還順便告訴我，有

護照就可以在補辦當天拿到身分證，之後，才能拿身分證補辦駕照。由於這兩大證件者一旦遭到冒用，帶來的損失非同小可，於是這成了我和我先生的當務之急。回家拿了護照，過期半年，照片呢？也不是半年內的近照。於是我們找了熟悉的照相館，拍照、修片、洗照片，只花了不到二十分鐘，同時還得到一項重要資訊——戶政事務所已經搬家，還到更遠的四川路一帶。老闆好心地畫了地圖給我們，我們騎機車，在放學時段一路殺到戶政事務所，補辦的手續完成後，一聽小姐要我們週一再來取件，我們都傻眼了！原來我的護照過期，不算有效證件，依照規定，要等兩天才能發身分證給我。我先生急了，詢問的口氣也就更直了！而小姐則堅持，身分證是所有證件的源頭，一定得經由與警方連線，確定證件的使用和確實是本人補辦的，才能發件。但這一等，我的駕照被冒用的可能性就增加了！誰知道一個週末，歹徒會用它來做什麼？於是我將口氣放軟，先謝謝他的謹慎小心，跟他說明我的擔憂，並請他詢問我私人的問題，確定我正是本人來補辦證件等等，就這樣一切OK，他發件了！利用剩下的三十分鐘，我和我先生從市區再殺到龍井的監理所，我一路禱告，尤其是在每個紅綠燈口，最後趕在關門前領了號碼牌，然後完成罰單繳清、駕照補辦的程序，還順便重辦了我和我先生的機車駕照。辦完這一切，我們步出監理所，坐在停車場的水泥地上喘氣，夕陽正如火地蔓延到天邊。

　　掉了手提袋的確令人氣結，氣社會治安這麼差。但補辦結果順利，雖然緊張匆忙，卻事事轉危為安、化險為夷，連紅綠燈的秒差都格外地配合，我能怎麼說呢？在這麼匆忙的時間裡，沒補辦好是正常的，兩天後發件是正常的，不知道地點而跑錯地方也是正常的。可是我們竟然完成了，過程中我和我先生平心靜氣地處理，沒有爭吵和責備，沒有祝福，怎麼可能？

再來，是千鈴掉包包了！

你們會把提袋暫時放在後車廂蓋上，開了車門、坐上駕駛座，就把車開走了嗎？事情就是這麼發生的。這也是一連串的碰巧造成的！千鈴不曾把提袋交給立昇帶回家，但那天他正好這麼做了！張立昇不曾到車庫時忘了帶車鑰匙，但那天他正好這樣；他不曾將東西暫時放在後車廂蓋上，但那天他正好這樣把車開走了。開到江屋的紅綠燈時，他看到了他的袋子。「糟了！千鈴的呢？」下車檢查時已經為時已晚，千鈴帶了存摺、印鑑、定存單和所有的證件，還有費心備課的課本、資料，全丟了！

一位好心的計程車司機撿到千鈴的包包，他還沿路撿拾散落的東西：小包包，被車輾過的課本、講義……然後在包包中找到青蓮舞團的信封袋與電話，將東西全都送還回來。

你們聽了，有沒有覺得很感動？我覺得這是今年聖誕前夕最溫暖人心的事件了！令人氣結的事、令人害怕的事背後，有出人意料的善意、順利和祝福，這樣的生活真是平凡中帶著點驚險，再加上些許溫暖。

這個學期大家的課表分割，嚴重錯開了空堂，專任老師與導師的成員互換，忙碌的課堂，都導致我們的聚餐減少，活動也減少。直到月考前，專任辦公室吃了一次披薩，然後有一小群人去了吉祥樓，月考當天去了麵包家、鐘云家，我才漸漸有種活絡起來的感覺。我們先預約了期末活動，一個是去淑敏家，鐘云也會再找另一群人去他家，我想再找一群人去大坑爬山，你們有興趣跟那一攤呢？

當然，你們一定不能錯過的，就是保惠的婚禮這最最重要的一攤了！

說到婚禮，我得先轉述純瑩的婚禮。我並沒有到場，但聽蕙琳說著當天清中老師熱烈的表現，我想新娘一定感受得到我們對

他的祝福吧！新娘的親友必定也看出清中旺盛的人氣吧！純瑩把清中的喜宴桌次安排在主桌旁，新郎、新娘入場時，清中給予最熱烈的掌聲並拉炮歡迎，新人入座後，還有人對著新娘猛揮手招呼。校長進來，上臺致詞，臺下更是掌聲不斷，校長還強烈地暗示新郎：「清中有很很多夫妻檔……夫妻在同一所學校可以減少許多不便……」

你們知道嗎？每每看著一群老師們頻繁地互動時，就讓我感覺在清中很幸福！看著這學期四位新嫁娘忙著籌劃他們的婚事，我們同事都積極地提供建議、幫忙，還深怕禮金漏包；新嫁娘也很大方地和我們分享箇中滋味，像是保惠的戀愛情事全記錄，都讓我覺得清中真的像是個大家庭，而絕非只是個工作場所而已！我們會大熱天一車子殺去買便宜的羽毛衣，會把穿不下的衣服送給瘦一點的老師穿，會呼朋引伴地在辦公室吃披薩，當然，還有我在這兒用力地擠出點東西，寫在通訊上，聯絡你我的感情，我真的很想大聲地說：清中，是最溫暖的大家庭。

十二月是充滿祝福的月份，我想，最真切的福氣，是發生在每天生活來來去去的環境裡。我不在乎這個月多了多少鐘點費，因為一瓶保養品，可能就花掉了！我不在乎我還要背負房貸，因為當我看著我的孩子在自家社區庭院裡自在、安全地玩耍，在中庭和鄰居小孩玩吹泡泡，我就覺得一切都值得；我不在乎出小考卷好累，因為永遠有同事樂於分享他手上的講義；感受在自己身邊的幸福，並且學著如同第一天擁有這份幸福一般地珍惜它，幸福才會在身邊流轉得更久更遠！社會地位高是好的，高薪、名車、毫宅是好的，但最最真切的好，是身邊這些小小的平凡堆疊而成的滿足。懂得發現這些福氣，並且去珍惜，是真正的幸福。

祝福你們，聖誕快樂！

Sandra淑敏, 2003, 12月

第五期

期末總結

親愛的朋友：

　　多事的期末終了！回顧一個學期以來大大小小的事情，覺得時間真的過得很快。這個學期的改變，像是在種水仙，看它沐浴著陽光，日漸抽長，雖然有時我困惑它到底有沒有成長，但忽略了一段時日，發現它真的很爭氣地在長高著。這個學期之於我，是很豐厚的一個學期。那麼，對於你們呢？

　　我先來作雜事報告好了！

　　學期下半段的熱鬧，應該是從專任辦公室做花圈開始。由淑敏準備材料，吆喝大伙兒來過一個有濃濃DIY味道的聖誕節。我們利用報紙、膠帶、漂亮的金蔥，繞出一個個耶誕圈，掛在班上、家裡、甚至自己寶寶的頭上。我們還用小鐵圈和韓國絲打出一個個漂亮的環，繫上鈴鐺、打上蝴蝶結，成了頸項上的項鍊。專任辦公室裡不時都有人在加工、指導，不少人都成了助教。看著一堆女生坐在桌子旁圍成一圈，努力的模樣，彷彿回到我很小的時候，一家人在客廳做家庭代工一般地熱絡、好玩！我們對每一個成品發出驚呼，它們出於我們自己的手中，怎能做得如此美麗？

　　再來是保惠的婚禮。親自參與盛會的人，你們是不是也頗有感受呢？貼心可人的保惠，和聰榮從大學開始愛情長跑，終於要抵達終點！本來聽他說歸寧的宴客沒有什麼花車、主持人、舞臺……就是單純宴請家人朋友來熱鬧熱鬧而已。我心想：這怎麼行？我們怎麼可以只用祝福的眼光，熱絡地敬個酒，吃完後就拍

拍屁股走人？有鑑於某天蕙琳、保惠、蕭娟老師和我同車時，聊到婚姻最令人憧憬的，就是「執子之子，與子偕老」那幅《白髮吟》的景象，六年級的保惠就說了：「啊！什麼吟？」不禁令我們三人捶胸。於是我埋下一個念頭，要教會保惠這首歌！事情醞釀得很快，但一直都沒有把握可以做得成！直到保惠請婚假後，我們其實只有一個中午吃飯的時間可以練唱，還只有六個人來唱，我心想：不妙！會冷場！然後，鼓勵和支持就接踵而來：蕭娟老師改變心意，決定參加婚宴，蕙琳馬上提供專車，給蕭娟老師更多時間上的彈性；麵包包辦遊覽車的事宜，還得接淑敏臨時丟出的問題，帶動氣氛，打拍子、接擴音器；秀珍說：「我一定會上臺，我一定唱得很大聲！」這些支持的聲音，讓我後來沒有逃避，臨陣取消計劃。

搭車的當天，遊覽車上的老師們都很配合，很努力地練唱，我的心就定了。我知道，不論唱得好不好，我們都會很開心！到了會場，我們還在保惠家的神明廳練唱，新的念頭又跑了出來，我們又臨時改變唱法。倉促之中，全員唱得很起勁，突然探子來報：「新娘出來了，快閃！」

然後，我們以第三道菜為暗號。菜一上，淑敏先去說話暖場，接著請「清中遊覽車合唱團」上臺獻唱，三、四十位有吧，月明還全家都來了。站在主桌後的神明方，由我家群群致上寫著祝福與歌詞的大卡片，保惠的眼眶已經紅了，手按著鼻尖強忍著，此時背後的合唱聲起：

　　親愛我已漸年老，白髮如霜銀光耀
　　可嘆人生譬朝露，青春少壯幾時好

保惠，我們的祝福，你有沒有全盤地感受到？你知道你有多麼令大家疼愛與不捨嗎？你和聰榮一定要幸福哦！

　　婚宴後，還有一個大聚會，那就是專任辦公室歡送炳榮老師和永菁老師榮退的披薩聚會。估計有三十多人與會，破了上學期的紀錄，已往曾在專任的雅燕、倩儀、玉珊、純瑩、純儀、王老大等人也都回來。那天，由淑賢老師開場，金祿老師以韓語獻唱《離情》，全員也齊唱《彩虹下的約定》，給兩位老師祝福，我們請美惠買了小禮物，大家也在卡片上留言，將我們的心意傳達給兩位即將退休的老師，在場有先哭後笑的，有先笑後哭的，還有邊哭邊笑的……

　　結婚、退休，一生只有一次。因為有大家，我相信保惠、炳榮老師和永菁老師都能了解我們的心意。

　　當這些善美的交流，積極地在你我之間流轉時，你們不覺得我們也都被喚醒，而受到了安慰嗎？覺得能在這個環境裡，真好？我是真的很開心我參與了這些事件，為別人的生活增色，也為自己的生活增色！我發現，活動其實不必太精心籌劃，因為支持的聲音和力量，都超出預料中的熱絡。水果買了，一定有人切洗；東西煮了，一定有人捧場吃完；杯盤狼藉，一定有人善後……因為大家都會主動捲起衣袖，積極參與，參與之間，又活絡了大家的往來，所以在清中學習辦活動，得到的都是經驗和鼓勵，沒有事後的遺憾！我建議你們也來試試看！畢竟在校園裡，我們扮演的角色是很固定的，甚至算得上封閉。我六年前來到清中，受到洪金枝老師的照顧，千鈴的提攜，也替我埋下種子，讓我現在我可以積極地參與活動，更擴大同事間的聯繫。假如我們都如此投入，我想很快地，每一個人也都可以參與籌劃的過程，給我們一個共同工作的環境，交流得更寬廣也更深層。我相信，這不僅讓我們更樂於待在學校，不只工作，還有交流，更有成長。如此的關係，健康、積極、快樂的生活態度從我們發出，可

以由點到線、由線到面地擴散出去，看在學生眼裡，甚至我們自己的孩子眼裡，都是很好的身教。你們覺得呢？

其實從學期初一開始寫通訊，我就一直反覆想著，我這「加法」的人生哲學，會不會受到考驗，甚至破滅？我常覺得，我和我先生不同的是，在單一的事件上，我比較常看到事情中「好」的成分，我先生則比較常看到「不足」，應該改革的地方。這不同的人生哲學讓我們互補、互助，也不斷地在印證與調整。從通訊的念頭一開始到付諸實行，我的想法是：就寫嘛！與我有同感的，我會與他多一份交流；不是很認同的，我想我也沒有傷害人、或蓄意形成小團體的批評，我的立意是正面的，不會帶來惡意的影響，那就做嘛！於是，我從一小撮人開始，尋求肯定、認同、交流，而到今天，我覺得我可以擴大範圍、看看這個「小眾通訊」是不是能夠普及化？當然，小水流一旦到了放寬的河道，流速一定會變慢，力量也會減小，但若要匯集力量，這是一定會面臨到的，即使匯集不成，與零相比，我還是正數，還是加出一點東西，沒什麼損失！我加法的人生哲學，有點阿Q、有點一廂情願、有點自以為是，不過我既然予人無害，又是一片真心誠意，那就繼續吧！

附上我最近反覆讀的一則故事「你很特別」，與你們分享。謝謝大家在這一段時間裡給我的支持。請舊雨繼續支持，請新知體諒淑敏先前的不周全，沒有把通訊寄給你們，因為通訊還在萌芽、嘗試的階試，我還在摸索！

你們喜歡我的通訊嗎？喜歡交流的感覺嗎？請你們也加入其中，我們可以匯集彼此的聲音，協調成美麗的和絃！

祝福你們！新春愉快！

Sandra淑敏, 2004, 1月13日

你很特別

微美克人是一群小木頭人，他們都是木匠伊萊雕刻成的。他的工作室座落在一個山丘上，從那兒可以俯瞰整個微美克村。

每一個微美克人都長得不一樣。有的大鼻子，有的大眼睛；有的個子高，有的個子矮；有人戴帽子，有人穿外套。但是他們全都是同一個人刻出來的，也都住在同一個村子裡。

微美克人整天只做一件事，而且每天都一樣；他們互相貼貼紙。每一個微美克人都有一盒金星貼紙和一盒灰點貼紙。他們每天在大街小巷裡，給遇到的人貼貼紙。

木質光滑、漆色好的漂亮木頭人，總是被貼上星星，而木質粗糙或油漆脫落的，就會被貼上灰點點。

有才能的人當然也會被貼上星星。例如，有些人可以把大木棍舉過頭頂，或是可以跳過堆高的箱子。另外，有些人學問好，還有些很會唱歌。大家都會給這些人星星貼紙。

有些微美克人全身都貼滿了星星！每得到一個星星，他們就好高興！他們會想要再做點什麼，好再多得一個星星。

然而，那些什麼都不會的人，就只有得灰點點的份了。

胖哥就是其中之一。他想要跟別人一樣跳得很高，卻總是摔得四腳朝天。一旦他摔下來，其他人就會圍過來，為他貼上灰點點。

有時候，他摔下來時刮傷了他的身體，別人又為他再貼上灰點貼紙。

然後，他為了解釋他為什麼會摔倒，講了一些可笑的理由，別人又會給他再多貼一些灰點。

不久之後，他因為灰點太多，就不想出門了。他怕又做出什麼傻事，像是忘了帽子或是踩進水裡，那樣別人就會再給他一個

灰點。其實，有些人只因為看到他身上有很多灰點貼紙，就會跑過來再給他多加一個，根本沒有其他理由。

「他本來就該被貼很多點點的。」大家都這麼說。「因為他不是個好木頭人。」

聽多了這樣的話，胖哥自己也這麼認為了。他會說：「是啊，我不是個好微美克人。」

他很少出門，每次他出去，就會跟有很多灰點點的人在一起，這樣他才不會感到自卑。

有一天，他遇見一個很不一樣的微美克人。他的身上既沒有灰點點，也沒有星星，就只是木頭。他的名字叫露西亞。

可不是別人不給他貼貼紙喔，是因為貼紙根本就貼不住。

有些人很欽佩露西亞沒有得到任何灰點，所以他們想為他貼上星星，但是一貼，貼紙就掉下來了。有些人因為露西亞沒有星星，所以瞧不起他，他們想給他貼灰點，但是也貼不住。

胖哥心裡想：我就是想這樣。我不想要任何記號。所以，他問那個身上沒有貼紙的微美克人，怎麼做才能跟他一樣。「很簡單啊。」露西亞說。「我每天去找伊萊。」

「伊萊！」「對呀！就是木匠伊萊。我會跟他一起坐在他的工作室裡。」

「為什麼？」

「你自己去看看，不就知道了嗎？去吧！他就在山丘上。」那個身上沒有貼紙的微美克人一說完，就轉身，踏著輕快的步伐離開了。

「但是，他肯見我嗎？」胖哥大喊。不過露西亞沒有聽到。

所以，胖哥還是回家了。他坐在窗邊，看著外面的微美克人彼此追逐，爭相為別人貼貼紙。

「這是不對的。」他對自己說。他決定去見伊萊。

　　他走上通往山頂的小路，然後走進那間大大的工作室。這裡面的東西都好大，讓他不禁張大了他的木頭眼睛。連凳子都跟他一樣高。他得踮起腳尖，才看得見工作臺的臺面。而鐵鎚跟他的手臂一樣長。胖哥驚訝的嚥了嚥口水。

　　「我不要待在這裡。」他轉身想走。這時，他聽到有人在叫他。

　　「胖哥？」那個聲音低沉而有力。

　　胖哥停住了腳步。

　　「胖哥！真高興看到你。過來讓我瞧瞧。」胖哥慢慢轉過身來，看著那位高大、滿臉鬍子的木匠。

　　他問木匠：「你知道我的名字？」

　　「當然囉。你是我創造的啊。」

　　伊萊彎下腰，把胖哥抱到工作臺上。「嗯……」這位創造者看見他身上的灰點，若有所思的說：「看來，別人給了你一些不好的記錄。」

　　「我不是故意的，伊萊。我真的很努力了。」

　　「喔，孩子，你不用在我面前為自己辯護。我不在乎別的微美克人怎麼想。」

　　「你不在乎？」

　　「我不在乎，你也不應該在乎。給你星星或點點的是誰？他們和你一樣，都只是微美克人。他們怎麼想並不重要，胖哥。重要的是我怎麼想。我覺得你很特別。」

　　胖哥笑了。「我？很特別？為什麼？我走不快、跳不高。我的漆也開始剝落。你為什麼在乎我？」

　　伊萊看著胖哥，他把手放在胖哥的小木頭肩膀上，緩緩的說：「因為你是我的，所以我在乎你。」

　　胖哥從來沒有被人這樣盯著看，更不要說是他的創造者了。他不知道該說什麼才好。

「我天天都盼著你來。」伊萊說。

「我來是因為我碰到一個沒有被貼貼紙的人。」胖哥說。

「我知道。他提起過你。」

「為什麼貼紙在他的身上都貼不住呢？」

創造者溫柔的說：「因為他決定要把我的想法看得比別人的想法更重要。只有當你讓貼紙貼到你身上的時候，貼紙才會貼得住。」

「什麼？」

「當你在乎貼紙的時候，貼紙才會貼得住。你越相信我的愛，就越不會在乎他們的貼紙了。」

「我不太懂。」

伊萊微笑著說：「你會懂的，不過得花點時間，因為你有很多貼紙。現在開始，你只要每天來見我，讓我提醒你我有多愛你。」

伊萊把胖哥從工作臺上捧起來，放到地上。當胖哥走出門時，伊萊對他說：「記得，你很特別，因為我創造了你。我從不失誤的。」

胖哥並沒有停下腳步，但他在心裡想：「我想他說的是真的。」

就在他這麼想的時候，一個灰點掉下來了。

裴蕙回應淑敏的通訊

有一件事，我怕我忘了講，就寫在這裡吧！請淑敏打完字，先讓我瞄一眼，也許在我這昏花的老眼照耀下，可以揪出幾個「手民之誤」！

善良的保惠要結婚了，我沒有替他高興，我只為他感到有些慶幸，再不結婚，他那個大男朋友，怕不被他甩了？而結婚之後呢？是否能和平相處、幸福快樂？那就不知道了，善良的保惠，應有自處之道！

　　我不知道「胖哥」是誰，我可能也不甚領悟這個故事其中的涵義，因為我一向不太看得懂漫畫或寓言故事……

　　只是看完木匠與胖哥的對話，心中突然升起我對我兒子的「愧疚感」，但是轉而一想，事實似又不然，要知道人性中有很多卑劣，儘管你有多少的關愛，但是你的「莖鬚繚繞、葉掌撫抱」，也要看時機、看對象，不要一任感情泛濫，自己無法收拾；有些人是很「貝戈戈」的，「近之則不遜，遠之則怨」的，又何止是女子與小人！你最親近的人，可能就是你必須天天與之搏鬥的敵人；而這個敵人，我們又必須小心翼翼，不要中了他的圈套，免得「多情空遺恨」，留下內心雖已撫平，「不增不減、不垢不淨」的傷痛！

裴蕙, 2003, 12月25日

淑敏的禱告

　　我的生活、我努力的方向，都交託在我主的手中。因為人的心眼有盲點，人的愛永遠不足，永遠摻雜私利；可是由主而來的智慧，會教人懂得欣賞瑕疵，撫慰因愛受創的傷口。我只有一個人，但因為我倚靠的是全能的主，祂便給我支柱的朋友、堅持的力量，與祂全美的祝福。從我，若有美善流出，那是因為有祂成為我的源頭，而我有福成為祂使用的器皿。

　　我是蒙受祝福的。

　　願主祝福你們！

淑敏, 2004, 1月13日

P.S. 寫「我的禱告」，是希望和你們分享我心靈當中最最穩定的力量來源。因為沒有祂，我這一切都做不出來，我並不是一味地要宣教，而是我無法隱藏我人生中最美好的，也最永久的祝福！希望這樣安定的力量，也能成為你們生命的泉源。

○
第六期

年輕人

親愛的朋友：

　　寒假當中，我把麵包提到的一個澳洲留學生的網站好好地看完一遍之後，又讀了替代役男連加恩的書。這兩個年輕人帶給我很大的衝擊，也讓我好好想想，我對年輕人的看法和期許。這期通訊，我要好好來談一談年輕人。

▶李昆霖

　　二十四歲

　　美國俄亥俄州大學博士候選人，再一年即將畢業。

　　青少年時期全家移民澳洲布里斯本，曾在德國寄住寄宿家庭一年，就讀當地高中。

　　自助旅遊超過二十多個國家，行徑瘋狂，在各重要景點拍裸照，放在網頁上。

　　目前上他的網站人數已突破二十五萬人次。

網站內文摘要

　　兩年前，我在澳洲布里斯本的臺灣人運動會宣誓，不照常理出牌的我，在兩千多個臺灣人面前，跟大家「嗆聲」。

　　「大家好，我是李昆霖，我是全布里斯本最屌的人！」（原本吵鬧的操場，聽到李昆霖出場說話，此時全部安靜下來，因為在布里斯本，大家都知道李昆霖是誰。）

194

然後我繼續說：「再也沒有像我如此完美的人了，你們要跟我比讀書也讀不過我，比鋼琴也比不過我，我會講德文和日語，比網球或高爾夫也會被我幹掉，就連最簡單的跑步，你們也不是我的對手，這次運動會我會包辦所有一百公尺、一千五百以及五千公尺的冠軍，有種的放馬過來！然後，我就倒立著走回去……」

此時全場大家完全呆掉，這應該是囂張的最高境界了吧？想必任何人聽到我這番話，一定會對我超級反感，但當時我是有苦衷的。因為大會的主辦人（也是我的書法恩師）看不慣現在的年輕人好吃懶做，於是要我上去扮黑臉，讓大家有一個假想敵，激勵大家的鬥志，這樣才會有拼勁。大家聽了我這一番話之後，每個人都很想把我幹掉。但我可不是省油的燈，為了這場運動會，我可是每天都練跑十公里，還做重量訓練呢！

　　＊　　＊　　＊

在安第斯山脈，我發現一件事，那就是：「玩」也不是一件簡單的事，走古道的遊客年齡，大都在二十二至二十六歲之間（我二十五歲算是高齡的了）。我曾跟這些朋友們談論過旅行需要三個要素：金錢、時間和體力。時間跟體力，只有三十歲成家之前有而已，錢則可以在以後三十年再賺就好，這不只是我們年輕一輩的看法，連年紀大的遊客們也同意，他們大多是悔恨自己年輕時沒能多看世界，在年老體力不濟時，才突然發現自己竟然錯失了那麼多，於是鼓勵自己的下一代，先好好的去玩遍世界再說。當然，這只是我們這群愛好旅遊者的想法，大多數人還是會對這想法嗤之以鼻，覺得玩又能得到些什麼，認為我們只是好吃懶做的一群人，一點都不切實際。但我們卻認為，旅行的人，才是最累的人，我們不只必須拋棄所愛的家人和朋友，在未知的國

度裡處處提防著危險，並在與社會脫節一段時間之後，必須再度適應現實生活的腳步。其實我們旅行的人，比任何人都還在意未來要面對的現實生活，每晚總會深怕自己在旅行時已不知不覺地被社會所淘汰，失去了競爭力。旅行的人也比任何人更渴望安定，但卻無法安定下來，每當漸漸摸熟一個地方的生活步調，才剛開始喜歡上一個城市，就不得不忍痛離開它，繼續踏往未知的旅途。旅行者常被這種矛盾的掙扎困擾著，離家越久，孤獨越深，要與其抗衡的心力就越多，但終究還是會繼續走下去，只因為胸中有一個夢想必須完成。在我看來，這些環遊世界的人真的很了不起，有不少人的夢想是環遊世界，但又有幾個人能真的做到？我敬佩這些孤獨的旅行者，他們不只必須克服環境的不適，更難的是，還得忍受心中理想和現實的相互煎熬。至少這一點，是目前的我無法辦到的。

　　有人會說世界那麼大，無論怎麼走也走不完的。沒錯，全世界有一百九十四個國家，有些國家甚至還無法進入，在人的有生之年，是無法把地球上的每個角落都踏盡的。但人生本來就沒有完美，總會有無法完成或沒有機會去做的事。而這些遺憾，就必須用自己的智慧來彌補，才能釋懷。我想，欣賞殘缺美的智慧，會隨著旅行而增長。旅遊的好處不是只有平常人所說的增廣見聞，那無非只是過程，其實旅行最終的目的，是陶冶自己的性情，置身於異鄉，會被周圍不同於自己的一切，從反方向、從側面誘發出更深處的自己。只有拋開現實生活的所有包袱，才能靜下心來探索自己的內心。見識多了，了解這世界上各式各樣的人情、風俗、文化都有，使自己變得能夠去忍受、了解，適應並且接納原先看不過去的事。於是心胸變得更寬闊，心眼也不再狹小。這才是旅行的真諦。

在文章的最後，我必須感謝我的爸爸媽媽，在我的心中，他們是最好的父母，不只在對我的栽培上不遺餘力，更難得是，雖然他們非常擔心我的安危，但還是支持我所做的決定，讓我選擇我要過的人生，他們唯一可做的事，只是在一旁叮嚀我要注意安全和健康。我想我最不孝的是，常讓他們擔憂出外流浪的我，每次出遊，總是感到內疚，異鄉的山水總是會使遊子想起自己生命的源頭。置身異鄉越久，越會勾起濃厚的鄉愁，對父母懷有更強烈的情感。我只能跟爸媽說：「可以生在你們這個家庭，我實在是太幸運了！今天如果沒有你們，我什麼都不是，我愛你們。」

＊　　＊　　＊

▶連加恩

二十七歲

陽明大學醫學系畢業

第一屆到非洲布吉納法索的外交替代役男

服役期間，藉著電子郵件辦理「垃圾換舊衣」的活動，募集到五百箱共七萬多件的衣服，用來整頓市容。他還挖水井、辦孤兒院，嘉惠布國人民。

書籍內文摘要

我認識一個嫁給查德人的日本太太，他告訴我，他所認識的義工當中，不一定都有大家印象中犧牲奉獻的精神。這讓我想起我曾經問過我那兩位法國廚師的朋友，他們結束非洲義工服務後要去哪裡？其中一位告訴我，除了法國，哪裡都可以去。我想，

有一天或許臺灣也會有很多孩子，過膩了只剩下網路、手機、簡訊、電玩、pub的日子，還有在那些要不郊外塞車，要不就喝咖啡、逛街的週末之後，會想要出去走走。漸漸的，嘉惠海外義工、外交替代役，變得不再有什麼稀奇或了不起，而有越來越多人參加。當他們終於逃離臺灣，來到撒哈拉沙漠，站在滿天星斗下讚嘆時，他們找得到想要尋找的東西嗎？或者他們想要逃避的東西，會不會跟著他們一起去呢？

*　　*　　*

　　Awa是三胞胎其中的一個，其他兩個，出生不久後就死了。根據經驗和當地長輩的說法，三胞胎若是其中一個走了，其他的也活不了。為了和這個無情的宣告搏鬥，我們更加緊探訪這個家庭。因此每次只要小孩子有點不對勁，他們就會帶來我們醫療團隊診治。沒想到過了一陣子，Awa也得了肺炎，而且非常嚴重，住院一個多月，差點也走了。經過一番奮鬥，總算活了下來。我把這個故事告訴一位義工，他很感動，只是對我的做法有點質疑。他認為我們不該直接拿錢幫助這戶人家，因為這樣並不會讓整個社會有任何的永續發展。我告訴他另一個故事。在澳洲一個著名的海灘上，每天的潮汐帶來許多海星。當海星被留在沙灘上，就會漸漸地被太陽曬死。有一天，沙灘上出現了一個小男孩在撿海星，然後將它們一個個丟回海裡。一旁的老先生看到了就說：「小弟弟，你知不知道這麼做，不會改變什麼？」小孩子指著手上的一隻海星說：「是的，但對這隻海星來說，這就造成了它不同的命運。」我告訴他，我的任務不是來改造非洲，我要做的只是，讓我接觸到的一些人，因為我而得到改善。而且，Nobody can do it all, so we all need to do a little.

＊　　＊　　＊

回想過去的二十個月，我好像被放在一個極端的環境，去看出一些事實。我被放在人家說的黑暗大陸上，卻經歷到一些人生最正面的東西。一個房間只要有一根蠟燭，光明就可以佔據大部分的空間。

＊　　＊　　＊

親愛的耶穌，請你祝福他們，讓他們成為富有的人，只因他們所度過的每一天都是有價值的；讓他們成為偉大的人，只因他們擁有偉大的夢想；讓他們在所有成功的追求背後，擁有對意義的渴望；知道在所有的嘈雜、忙碌之後，有永恆；讓他們的人生或家庭中，就算遇到再大的黑暗和困難，也有更大的光明在等待著，而且黑暗從來沒有勝過光；你如何祝福了我和我的家庭，也一樣祝福了他們的家庭，除掉他們人生中所有的黑暗面，包括怨恨、憂愁、忌妒、傷害，就像在我十六歲的時候，你讓我知道我真正需要的，是你的赦免；讓他們知道，勝過這些黑暗最大的力量，是你十字架上的饒恕。帶領他們的一生，讓他們所在的每一個地方，因為他們而更加美好；讓他們發現，活著真好，因為他們永遠有更偉大的旅程要去征服，奉耶穌的名求。阿門。

我的感想

回想自己年少輕狂時，讀這類年輕人的故事，除了欣羨他們不凡的經歷之外，更多時候是興奮、激動，覺得自己也有機會如此闖蕩天下。我有蓬勃的野心，我想要成就不凡，他們的可能性，也是我的可能性。

199

　　踏上教書一途後，我有一半的生活都在和年輕人打交道。我常想：我有沒有真正去了解我與之相處的這個族群，好讓我的工作更深入、扎實而有效率？所謂「知己知彼，百戰百勝」，更何況我想創造的，是雙贏的局面！我記得帶第一個導師班的時候，我一直在複習我的附中三年。遇見某個狀況，我總是假想當年的我，對這種事情會有什麼看法和反應，以為我的學生也會和當時年輕的我有一樣的想法。所以我常纏著我媽問：「我國高中時是不是很叛逆、很難料理？」因為我在家無聲，在校卻一向不是個安分守己的學生，而我在學校的風光，也從沒有帶入家門過。我媽說：「你不知道你有多難搞！」天啊！我真的不知道！我還以為我從沒有把自己在學校的問題帶回家過，家人應該不知道；想不到，我媽媽早就對少不更事的我，一直默默地忍受著！我很幸運，因著教書，我又把我精彩的高中三年複習了一遍，而且覺得無怨無悔。

　　我的大學老師說：「記憶是選擇性的遺忘。」而今，我與年少輕狂的日子漸行漸遠。幾年前我還常當唱片評論，跟學生分析某歌手的專輯特色在哪裡。現在我連流行樂都不聽了。不只如此，我還搞不懂：為什麼周杰倫會紅？他的歌哪裡好聽？我不禁懷疑：我真的老了嗎？我是不是隨著年歲的增長，就缺少了對年輕人的認同，只會對年輕人的作為、行徑，嗤之以鼻、不屑一顧？我覺得我有此傾向，因為我認為我已經無法了解年輕人，也懶得了解年輕人。更可怕的是，我也越來越忽視他們的潛力和無限的可能性。可是憑良心說，我還算是那種對學生很有信心的老師，將教學建立在良好師生互動上的那種老師。這麼說來，大部分的老師呢？是不是只是盡本分而已？我們有沒有相信學生、真心的鼓勵學生？我們做不到如同父母對孩子義無反顧的愛，因為

畢竟角色不同；但我們有真心相信我們的學生終會成就不凡，因而盡心盡力地引導他們去開發自己的潛能嗎？而且讓學生因著我們對他們的信心與期望，而使他們對自己有更多的作為嗎？道聲出版社出版了一本繪本《你很特別》，這個故事很感動我，它一直提醒著我：假如我們對學生先有認識，之後有信心、有引導、有鼓勵，我們的學生會因此更珍惜自己，繼而發揮特長，創造自己的可能性。我認為，這是老師真正該做的事。可惜一個老師真正該做的，竟常常敗倒在進度的壓力之下。有點責怪自己，但常常是怨大環境；最後，有多少力盡多少力，把自己的家庭和孩子顧好，比較實際。

熱情化為無奈。

請別誤會，這不是我的指責，而是教書十二年以來，我心底最深的感嘆。我必須承認，我也漸漸忘卻了年輕的感覺，而且總是感嘆多於感覺。那有什麼用呢？我不願意陷入這樣的無能為力。寒假時讀了這兩個年輕人的故事，我又燃起對這一股熱情的熟悉。這兩個年輕人提醒了我：別忘了，即使年輕，也可以與眾不同、可以成就不凡，又兼具深度。年輕時的我也是如此渴盼著。

現在的我已不再年輕。讀這類故事時，我好奇的是他們的成長背景與心路歷程。想了解他們何以有這等能力？對人生有何期望？此外，我因為自己有家庭、有孩子，我更想著這些年輕人背後支撐的手——他們的父母親，然後我有了更多的捨不得。我想，如果換作是我的孩子，我會放手讓他自己這麼飛嗎？我能坦然地像前輩阿斌哥說的：「愛孩子，就是不要管他，讓他做他想做的事。」嗎？

過年回基隆時，我有一個頓悟。我帶著孩子去打彈珠臺，投一個代幣，會掉出一顆彈珠。拉緊後把手放掉，讓彈珠彈出去，

彈珠如果經過亮燈的軌道，就會掉出更多代幣。群群一向愛死
了投幣操作的機器。換了五十個代幣，我坐在他身邊欣賞他燦爛
的笑臉，享受當媽媽的滿足。看著左撇子的他，急著投幣，又急
著拉把手，我不禁彎身向前要幫他投錢，好讓他只要專心地拉把
手就好了。突然，我問自己：我在做什麼？我連這種娛樂的事，
都迫不及待地要為他分工，那他以後讀書、工作呢？雖然事有大
小，可是我的心態是一樣的：我連他玩遊戲，都忍不住要讓他輕
鬆點，那我以後怎能放心讓他自己走自己的路呢？所以我更加敬
佩這兩位年輕人的爸媽，他們真的心臟夠強，能給孩子如此大的
空間和時間，真不簡單！

　　其實仔細想，放下要比提起難。當我們為孩子們做某件事
的時候，我們會比較心安；要不管他、放任他，表面上什麼事都
不用做了，可是心裡的擔憂才真像洪水猛獸，讓當爸媽的坐立難
安。所以爸媽會不辭一切，為孩子們苦心安排、百般操煩，但可
能不被感激，繼而造成溝通不良，乃至誤會。我想，沒有人會一
開始就心甘情願地服從他人的想望，即使是至親的人；若服從
了，也多少帶著犧牲的色彩。但如果讓孩子們跌跌撞撞，只要別
撞到傷及性命，可能當爸媽的要學會退一步，欣賞孩子們跌倒的
姿態，只要負責幫他們療傷，鼓勵他們再出發就好。這很像老子
的「無為而治」。陽明大學教授洪蘭說：「冤枉路其實也是學習
的方式之一，有些發現，是在走了冤枉路之後才會出現的，而且
自己辛苦過後的成果特別甜美，這樣的喜悅，會使前面的挫折感
一掃而空。」紀伯倫在《先知》一書中這麼說：「你的孩子不是
你的，他們是生命的子女，是生命對自己的渴望。你可以努力去
像他們，但不要想使他們像你。因為生命不會倒退，也不會駐足
昨日。」

　　希望我不會常常忘了當爸媽該有的智慧：要裝傻、要放手，不管孩子的事，只要用心看，不要做。

　　祝福你！

*Sandra*淑敏, 2004, 2月5日

〈孩子〉,《先知》,紀伯倫

> 你的孩子不是你的，他們是生命的子女，是生命對自己的渴望。他們經你所生，卻不是從你所出；雖然他們和你在一起，卻不屬於你。你可以給他們你的愛，但不能給他們你的思想，因為他們有自己的思想。你的房裡可以住著他們的身體，卻住不了他們的靈魂，因為他們的靈魂住在明日之屋，你無法拜訪，即使是在夢中。你可以努力去像他們，但不要想使他們像你，因為生命不會倒退，也不會駐足昨日。你是弓，子女是從你身上射出去的活生生的箭。弓箭手看到在無窮路徑上的記號，用他們的力氣彎曲你這支弓，希望他們的箭能射得又快又遠！愉悅地屈服在神的手中吧！因為正如祂愛那飛馳的箭，同樣地，祂也愛那穩定的弓。

李昆霖網址：http://oak.cats.ohiou.edu/~cc539802/index.html

《愛呆西非連加恩》，圓神出版

淑敏的禱告

　　主啊！我將這一期通訊，獻給我五年前過世的母親。在我一度為拼聯考顛倒的作息中，他是我按不掉的鬧鐘；當我搭晚上最後一班公車，十二點才回到家，他永遠說他睡不著，而永遠解釋說他沒有替我等門。沒有他的包容、默默的期待，與一路的陪伴，就沒有今天的我，和群岳、群芳比較寬廣的未來。因為曾經有他，我們一家才可能散發屬於自己的光彩。祢放了一個連阿拉伯數字都不懂、連電話都不會撥的女人做我的媽媽，他卻做了最不可思議的工，養了我二十九年，給我的孩子們更多的可能性。主啊！求祢讓這樣的智慧，也在我身上顯現；了解似柔弱的，才真的堅強；能放下的，才擔得起重擔；真正的愛，有祢的智慧；真正的生命，是活出祢的式樣。請祢祝福年輕人，祝福我們教書的工作，好讓智慧與愛來自於祢，可以源源不絕，並信心滿滿。

　　禱告感謝，奉主的名求。阿門！

第七期

六呎風雲與油桐

親愛的朋友：

　　有一陣子沒發通訊，和你們聊聊最近的狀況。心裡預期會這樣，因為上一篇年輕人的通訊，寫得太用力了，徹底清掉了心中頗具分量的一個省思，騰出的空間便容許其他的想法好好地再醞釀、發酵。這期通訊分成三個時期完成，記錄了我這半年來的心情。

　　這期想要向你們大力推薦一部HBO自製的影集——《六呎風雲》（Six Feet Under）。我和我先生每週都會有一小段時間，一起看一部電影或影集。最早是看《為你瘋狂》（Mad About You），後來他陪著我看《慾望城市》（Sex And the City）。後來有一段時間都找不到好片，直到我發現了《六呎風雲》，我們又開始有共同的分享，這些影集成了累積的默契和語言，也點醒我們生活中的一些感受。

　　這部影集主要描述一個經營葬儀社的家庭，父親在聖誕節過世，母親和二子一女又有溝通上的問題。他們各自有自己不欲人知的私密世界，媽媽喜歡掌控，個性保守，愛孩子卻不懂如何和孩子互動，導致三個兒女凡事自己解決，他往往被矇在鼓裡。老大放浪成性，如今被召回接管家族事業。（開玩笑，葬儀社！）老二壓抑成性，又好死不死是個同性戀，放棄心儀的法學院，在老大離家放蕩的時候，接管了葬儀社的事業，成了父親的左右手。每天為死者家屬安排後事，修補死者儀容、替死者化妝。他壓抑的個性，使他常有情節外的奇想，經由導演幽默的呈現，更

顯得真實而富有人性。小女兒是個高中生，常是香菸、大麻、輕毒品樣樣來。他反社會，對親密感疏離，覺得自己在家中是被遺忘的，但他內心從未停止過被愛的需求。這個家庭是故事的主軸。

每一集開始時，都有人死在不同的地方，死於不同的原因，不論在觀眾看來，那些死法和死因有多麼荒謬。《費雪與子》（Fisher and Sons）中，葬儀社為每個死者安排後事，死者家屬不同的情緒和種種的衝突，甚至家屬之間的糾結，都一一地呈現出來。而對於天天面對這些事的一家人，他們都有不同的衝擊，但也都得內化、平靜下來，各自過他們的人生。一個人一生只經歷一次的死亡，他們卻天天都在看著。他們也要談戀愛（同性或異性），也都在極度疏遠、公式化的關係中共處一室，吃早餐或晚餐。流逝的每一分每一秒中，他們都在建構自己的夢，然而如同真實生活一般，挫折常多過期待，但也總有一點溫暖和省思，支撐著他們去面對明天。

這就是《六呎風雲》（Six Feet Under）。

我們一生有多少機會去經歷死別？尤其是痛徹心扉的死別？他們的死，除了令人不捨，有沒有攪擾起一些沉澱已久、被遺忘的感覺？然後我們好像看清了什麼，或突然體會了什麼？

2003, 11月

開學以來，我花了不少時間在清水和豐原之間來來回回。我爸爸住院，從二月六日住到現在，病房從四人房「升等」到加護病房。每個禮拜我都得去看他兩、三次，尤其當他進了加護病房之後，他插了管，無法開口說話表達他的意思，雙手又都被約束帶綁住，以防他去拔管子。總是在去的路上匆匆忙忙，在回來的路上心事重重。連我自己都一度調適不過來，把沉鬱的心情從醫

院帶回學校，甚至還帶回家，不只嚴重影響了我的工作步調，連最基本的健康快樂的家庭生活都受到影響。我開始作息不正常，從沾枕即眠，到難以入睡，輾轉反側長達一個小時後，起身去屋外坐著吹風、看星星。

　　早就知道生命一點一滴的消逝是常態，但當它發生得如此靠近，仍教我慌張，措手不及。

　　於是在這來回的車程上，我藉著音樂轉換心情、安慰自己，從一開始聽男女聲樂精選的2004音樂禮讚，後來聽聖經裡的詩篇，到近期諾拉瓊斯的爵士和陣昇，沿路的風景也從小葉欖仁的新芽、刷子樹的嫩紅葉子和一簇簇的苦苓花，到現在所有新葉都撐出一把一把的綠傘。春分過了，今年第一批蟬鳴也已經響起，我明白，隨著白晝漸長，我爸爸的狀況是不太可能再好轉的，如同我明白，一年過完，又有另一個四季接替一般。

　　其實，我們的生命又何嘗不是如此？時間的箭只能一直往前射去，無法復返，如同錯過孩子的童年，他的微笑不會永遠一直那麼天真。我們當了母親、當了妻子，儘管少女時期多麼秀麗浪漫，也都得放下自我中心，務實地扮演多元的角色。對於我爸爸，我一直提醒自己盡力去做，不要有遺憾。不只是對我爸爸，還有對我先生、孩子、我的好同事，和我自己。四季會循環，它的前進，遠比我們的生命步調來得緩慢。正因如此，我們應該更加善用自己的有限，免得留下遺憾無限。

2004, 4月

　　日子終於到了！我爸爸終於在五月十五日下午四點三十分，因為血液感染，引發敗血症過世了。週六我正準備做晚餐，接到二嫂的電話，只說了兩句：「老爸過世了！老爸過世了！」我掛

上電話，急忙出去找正在散步的先生和孩子們，準備出門。後來二哥來電，叫我們靜候。遺體正在處理，預備送往大甲火葬場。我們聯絡保母，一邊討論等一下可能的狀況。在不知要等多久、不知要怎麼辦的難耐時間裡，兩個人就是走來走去，一下子接電話，一下子準備東西，就是靜不下來。孩子們玩著、笑著，不知道我們的心情。

我選擇煮好晚餐，餵飽自己和孩子們，好面對接下來的事。我們和孩子們說阿公過世的事。他們早就知道阿公生病很久，一直住院。後來細菌攻擊阿公，阿公太虛弱，無力反抗，所以死了。不過，耶穌會來接他到天堂去。我看著群群跑到桌邊，拿出紙筆畫了滿滿一張大大小小的愛心，然後閉著眼睛，心裡一直想、一直想，嘴上一直念、一直念，然後張開眼睛說：「這樣阿公就會收到了！」

我想，我爸爸會收到的。

2004, 5月17日

親愛的朋友，我知道你們一定很關心我、替我擔憂。謝謝你們。我爸爸過世的前一天，我向耶穌禱告，請耶穌用祂的意思成全此事。如果我爸爸要撐久一些，請給他平安，讓他不懼怕。如果我爸爸該離開，請耶穌給他安息，並接納他的靈魂。我爸爸真的在病床上受了很多苦。現在他走了，我會不捨，但我知道這樣對他比較好，所以我不會太難過。請你們放心，也謝謝你們的關心，祝你們平安！

2004, 5月19日

在這封通訊的末段，我想提醒你們，注意自己的健康，好為人生的路做長久的規劃。這學期靜瑜替同仁辦了健康檢查，希望

你的指數顯示你一切都好，然而靜瑜卻可能因為太過勞累，導致自己的免疫系統出現了問題。經過一連串的檢查後，就在榮總固定看診、服藥，為了看診，掛到二百多號，等到半夜一點半才看到醫生。而我為了腦下垂體的腫塊，一年多來，不間斷地服藥，現階段做了斷層掃描，得到的結論也只是：沒好轉也沒惡化！其實，我私下很感謝主，因為我的疾病沒有給我帶來太大的不適，固定一段時間上醫院，領藥、抽血、檢查，雖然花了點時間，卻讓我更加注意自己身體微小的變化，並且提醒自己要多加留意健康狀況。畢竟三十多的年歲，向上對長輩有責，向下有自己的孩子要照顧，我們成了中堅份子，不論身體上或心理上。所以我要提醒大家，健康是任何計劃的基本要素，絕對是要注意、要規劃、要撥出時間照料的！我們不能拿工作忙碌，甚至沒有習慣來當作藉口，而把運動推到最末位！只要一次重感冒，賠上的心力就夠我們平日規律運動的時間了。所以，動起來吧！

近期，油桐粉白地開遍三義一帶的山區，螢火蟲也多了，下一波則是相思樹嫩黃毛絨的花序要開遍鵝峰山的路。你們呢？這一波波的花季一過，天氣就真的熱了，走野外也成了酷刑！珍惜第三次月考之前的餘暇，給自己及家人一個「花伴螢」的饗宴，快活一下吧！

淑敏,2004,5月23日

第八期

2004 聖誕

親愛的朋友：

　　好久沒有在通訊上見，新年快樂！

　　現在是耶誕夜，凌晨一點三十分。107班有十二個學生正在我家三樓談心，我們十一點半才剛從東海玩回來。群岳和群芳被爸爸哄睡了。我心裡感觸很多，儘管累，我就是不願上樓睡覺。今年的耶誕之於我，是十分不同的。想到去年我還在專任辦公室開加工廠，陪著老師們做聖誕圈，寫第三期通訊，分享純瑩婚禮上的情形。今年，我在導師室也是花圈一個個地紮，但感覺卻是格外地孤單又複雜。我的通訊已經停了一學期，很久了，不是嗎？這一學期，外在的種種事件、內心的種種翻攪與沉澱，一學期用的心力，好像一學年似的！

　　想想這學期我做了些什麼？我接了語言資優班，壓力當然是有，但規劃才是真正耗心神的地方。開學初的一、二個月，我睡得很不好！一週裡總有一、二天，放學後要泡到游泳池裡，冷卻一下使用過度的頭腦。語言教室要怎麼做？課程要怎麼上？我要教給同學什麼？活動報告要怎麼進行？我得在游泳池裡把腹案沉澱下來，好為提案做最佳準備。這一路，最大的感覺是孤單，偏偏我又是不堪寂寞的人，這才難熬。只是這個情況大概也不會有太大的改變，我只能一直把它當成是磨鍊，是個強迫我遠離人群，好好一個人想事情、做事情的機會。說實在的，我會覺得孤單，不是因為大家忙，沒時間聚，而是即使聚了，我心上懸掛

的事，也難有交流、討論的機會，我忙的事，和大家並沒有交集。如果說許多事在討論之前，還要有一番前情提要，解釋狀況，這實在不是件有效率、令人高興的事。既然如此，那就作罷了！

然後是無政府狀態的混亂，以及新校長可能帶來的衝擊。對於我來說，這個學期，是個事事未定的學期，像我這種沒行事曆就慌亂不安的人，不確定性是不能超過一個月的，何況是一學期！

這學期，就在最多孤單、忙碌、不確定的混合中，聖誕節就這麼來了！我滿心的慌亂，慌亂中又懷著期待，期待中帶著不安，不安裡又有一份堅持，五味雜陳地交雜度過每一天。總在離校前，要寫一張備忘提醒自己明天要做的事。只是，就在聖誕節前，我才被壓迫到承受的臨界點，想清楚自己無法忍受的是什麼？對於未來的變化，應該以什麼心態去面對？儘管忙碌，我絕對不放手的，是什麼？What is my priority？

整理了很久，我有了一些結論。

最無法忍受的、惹我心煩的，是不確定。

對於未來，我無法掌握，我以「做好當下」的心態來準備。

儘管忙碌，絕不放手的，則是家庭和你們——我的朋友，我真心面對的人。

從高中開始，我的時間從沒有夠用過，而且短缺的狀況一年一年的加重。我慶幸今年自己變得比較聰明了：沒有老是忙「緊急」的事，而忘了「要緊」的事；沒有老是忙著例行公事，而忘了該有變化的事。這學期，我有四項成就。第一，我寫了兩封學生通訊給我十三年來歷屆的畢業生，一封在教師節寄出，一封在聖誕節寄出。第二，我把一年多前動筆的短篇小說寫完了，了結

了一篇創作。第三，我開始用多媒體上課，一圓自己最大的夢想之一，雖然過程很痛苦，我強迫自己用新的方式上課，顛覆自己十二年來的教書習慣。第四，我和107的學生做了不少觀念上的溝通，覺得現在做的，更像是教育應做的事。

難怪我必須被迫孤單！處於孤單，才能理智地、安靜地、一一消化掉這些耗時、耗心力的事。說真的，假如我可以選擇，我才不會把自己逼上這般苦行的境地！像以前專任老師的日子多快樂啊，根本就是自在消遙！

我想起了大一英文老師的一句話：「許多事情是勉強出來的。」既然勉強，就不會快樂，所以自己要很清楚目標，不然會急就章，很可能做不長久、支持不下去。也因為一直在「撐」著，所以內心蠢動不安的種種慾望就一再浮現，進而印證，哪些是真的需要被滿足，而哪些只是一晃而過！想和以前的學生好好說說話，是很久之前就想做的；小說，也是很想完成的。至於哪一部電影、哪一間百貨公司週年慶，其實只是想玩樂的心情作祟而已。我被迫的孤單、忙碌，幫助我想通了不少事，也完成了不少事。假如日子輕鬆如意，我可能也不會如此多產而高效率。當然，我也嚐了不少苦頭，睡得不好，一直想吃大餐彌補自己，一直想花錢善待自己……

我從天天給自己一杯咖啡加點心的下午茶，到現在，我已經很習慣一個人吃「寂寞火鍋」。這些事，確實是勉強出來的！只是，忙，也要朝著對的方向忙，不要時日過了，發現自己只是瞎忙一場，白白花了寶貴的時光！

不過我還是要說：我很幸運，我受到很多祝福！我忙的是要緊事，是不能被割捨的事，也是自己計劃已久、一定要去做的事，這讓我心甘情願，怨懟也就相對減少。而且我一直有好同事

關心我，連我先生也都一直為我加油打氣，支持我、告訴我：
「你已經做得不錯了！」能夠如此，我也不該有什麼抱怨了！

其實我也擔心，接下來的一學期，大幅度的人事變動會要
把我逼到什麼境地。只是，擔心也無用，我似乎使不上力。再說
凡事都有一體兩面，而且不管怎麼發展，一定都不會十全十美，
我也沒那麼高的智慧做沙盤推演。我還是向我的主禱告，求祂為
我安排，祝福我、給我力量和智慧。我的力量不足，祂才是力量
的泉源。我告訴自己，不要擔憂，主不會給我多於我所能承受
的。很希望你們能體會這種有神可以信靠的感覺。我不是不害
怕、不擔心，而是我知道，祂會一直為我「力上加力」，做我永
遠的靠山。

朋友，祝福你們。願你們在「緊急」和「要緊」之間區分出
先後輕重；願你們在生活中有穩定的力量；願你們的靈性、智慧
隨著時日成長；願你們平安喜樂，有祂的力量。

祝福你們！

淑敏, 2004, 12月24日

第九期

圓夢

親愛的朋友：

　　寫這期通訊，我滿懷興奮，像是回顧了過去的一年，同時也對新來的一年充滿了希望。儘管寒假這麼短，我打算要善用每一個時刻，達到兩倍的充實。順帶一提，以往我將清中同事的通訊和畢業生通訊分開來寫，這一期，我會將通訊寄給老師和同學們，因為這是我滿心的歡喜，迫不及待地要昭告眾人，我的同事朋友，以及學生朋友。

　　這學期的好事來得很晚，但是很重大。聖誕節過後，我收到一個莫大的禮物，這禮物好到我一輩子都會好好珍藏。我有幸與仰慕已久的詩壇大師——詩魔洛夫見面，與他同桌共餐，在客廳裡茶餘飯後，聽他老人家談詩、談生活、談他一路寫詩的歷程。從大三修文學創作開始，洛夫一直是個只能在詩集裡閱讀著、嚮往著的詩人，而今他竟然從詩集裡走了出來，讓我和他坐在同一桌。若說同學們會因為去聽偶像的演唱會而雀躍地炫耀，那我等於是讓偶像坐在我的面前，只對著三、四人彈唱，這叫我怎能按捺下來，把這畢生渴望的機緣壓抑在心裡，只我一人獨樂？

　　一切緣起，是因為貴芬。

　　十二月二十七日，週一，因為一本洛夫的詩集《天使的涅槃》，貴芬問我能否割愛給洛夫，我說OK，即便我將再也買不到同一本洛夫的詩集，但如果我能因此和洛夫有一點牽連，我也心甘情願。就這麼說定了。週二，我將詩集帶來，貴芬開口邀我

一同北上去洛夫家一聚，我徵詢先生的首肯，他樂於成就這椿美事，願意幫我接送孩子，好讓我去臺北夜談，隔天再回臺中。我收拾行李，上完課，與貴芬和他的論文指導教授蔣老師，搭火車到洛夫老師家中晚餐共敘。那天溼冷微雨，但一路上，心火熱地燒著。我在火車上拜讀貴芬的論文、談著洛夫的詩，到了臺北，心裡盤算著要說些什麼、問些什麼。腦袋興奮到一片空白，又充滿猜測。

洛夫是個慈祥的長者，對我們後生晚輩滿是鼓勵和期許。洛夫伯母一直勸菜，一心要把我們養胖，我們從餐桌吃到客廳，從七點到十一點多，嘴都沒停過，一邊要說話，一邊要吃東西，還把洛夫的墨寶舖滿地板，邊看邊不住地讚嘆著。洛夫說著他的詩句、他的大陸行、他的詩迷，我都還停留在不可置信的喜悅裡，腦子裡反覆地想著今晚的話題。

洛夫鼓勵貴芬將論文出版成書，也鼓勵我多寫詩、出詩集。我已經很久寫不出詩行，洛夫的鼓勵給我打了一劑強心針，我決心要努力，等作品的量夠了，也要自費印自己的詩集。我告訴群群與芳芳，我以後最大的志願，就是要當一個詩人，出我的詩集，他們似懂非懂地問了我一大堆問題，我想，他們將來會懂得的！

我們一生有多少次機會，能讓心目中重量級的人物給我們鼓勵和肯定？

貴芬、蔣老師，謝謝你們讓這一切成為可能！

回程，我把心中的感動化成下列詩行，與你們分享！我的學生們應該懂得，詩之於我，是生活中去蕪存菁後，最純粹的存在。回想我教弗斯特的英詩「未擇的路」（The Road Not Taken），你們就應該憶起詩之於我的感動、智慧及重要性，我想你們會更加體會到這次與洛夫會面，之於我的意義吧！

喜悅之二，來自群群。

群岳學鋼琴三個多月了，從玩具電子琴到二手鋼琴，我每次看著他認真練琴的眼神，都感到很欣慰。他爸爸一直陪著他練習，直到那天他爸爸完整地彈出了《印第安小屋》，左右手一起來，中間毫不間斷，讓我有點受傷。我一直以為我看久了，應該是我先學會彈琴的，我天分較高才對。我挑了一首雙手併用的曲子，請群岳教我。練了三天，群說：「媽媽，你還是先彈這本好了！」我一看，只有右手，只彈Do、Re，我雖然受傷，還是很聽話地彈著。之後，我下了更大的決心，按我的能力挑了二首也是左右手併用的曲子，更認真地練習。當我完整彈完，群說：「媽媽！有進步，你以前都彈一下，然後想很久，才彈下一個音。」（他形容得非常貼切。）群岳是個好老師，他教得很好，很有耐心，不會罵人，解釋得也很清楚，而且不斷地示範給我看。我本來想去報名一期三個月的爵士鋼琴，現在，我決定跟著群岳練習，先學點底子再說。

當我兒子的學生，讓我重新看待群岳彈琴這件事。凡事不是有上課就學得會，練習才是關鍵。我們當老師的，在自己擅長的科目上擁有優秀的能力，有時常忘了學生的能力尚未培養健全，不是我們教了，他們就會的！他們要練習，而且很重要的是，他們必須樂於練習，如此他們才會主動學習。而他們是否樂於如此，我們對他們的態度，常是關鍵。群岳如果笑我，或者放棄教我，我大概就不會再去碰鋼琴了！

拜兒子為師，我所體會到的，多於我原本的預期。活到三十多歲，還有機會一圓鋼琴夢，我真是太幸運了！

喜悅之三，是另一個圓夢的機會。

期末，校務會議開得風風雨雨，如同抽獎一事，冗長而沒有

決議。桌上傳來一張紙條，潘建良問有沒有人要一同組樂團，鍵盤旁有雅燕留下姓名，鼓手則有麵包的名字，我連想都沒想，就把名字寫在 vocal 旁邊，傳回去，還拚命地點頭。

事過一週，建良來確定，我再次表述：「我真的可以當vocal！」再過了一週，我們開抬挑歌，預備下學期開始排練。

我今年三十六歲，要一圓我十八歲的夢想。我不知道後續發展將會如何，但我感激有這一個開始。我也深深感覺到：人生的種種可能性，始於機緣、成於決心。寫詩如此，學琴如此，組樂團也是如此。

年紀不再是問題了！

劃地自限，才是問題所在。

我想和好朋友說，在三十多歲成家立業的年紀，我們的職責常大於夢想，但夢想可以被延後，不容被擱置、遺棄！如果我們沒有夢、沒有圓夢的決心，我們的孩子會不會以後也成為只會夢想，而沒有實踐能力的人？假如我們做不到，我們又如何要求自己的孩子或學生要努力做到？把自己做不到的寄託在孩子們身上，是很自私，又不負責任的！我們只要出一張嘴，只要會說理、會要求、會罵人就好了！努力的部分、實踐的部分都留給孩子，這樣公平嗎？

讓孩子們看看爸媽認真投入的神態，是以身作則的一個方式。對於我以上的三個夢想，我沒一個有十全的把握會完成，不過當下，我會全力以赴。

我也想告訴我的學生朋友，趁你們年輕時，多去給夢想一個起頭、一些實力、一些嘗試。若圓了夢，青春多了色彩，若夢不成，至少你們嘗試過。我曾跟你們說過，我從大二到大四，每一學期都立定志向，好好地接觸一樣東西：吉他、編輯、創作、

游泳、網球、美工⋯⋯我到書法社寫一學期書法，事後證明一件事：我真的不是寫書法的料。我慶幸我曾認真嘗試，要不然，我會到現在還在說：我一直都很想學書法。我因此對自己的能力有更客觀、更正確的了解。這絕對是件好事。我的學生朋友，這絕對是你們可以做的嘗試。

夠了，想說的，就是這些了！我在露天咖啡座寫了快兩個小時，十一點多了，我也該回家了！群、芳和我先生應該已經睡成一曲交響樂了！我很慶幸自己有他們，也有你們。但願我的通訊，分享的不只是我自己的喜悅，也讓你們有所感應！人生苦短，但若只是虛度，又嫌太長。建立你們的可能性，也圓你們心中真正的夢想與渴望吧！美惠在健康管理學院念法律，靜瑜學油畫，鐘云學當媽媽，蕙琳努力地準備論文，秀珍、琪琬學桌球，月姿學著開放自己⋯⋯我們拿這些積極的力量，彼此加油打氣吧！

祝福你們！

淑敏, 2005, 1月26日, 23:15

第十期

輕重緩急

親愛的朋友：

　　我想寫這封信已經很久了！放在心裡超過一年。今天開車來期末監考，一路上白霧茫茫，彷彿車越開往深處，雙黃線才會把霧撥開，現出前方的路況。回想自上一封通訊「圓夢」（二〇〇四年十二月二十三日）至今，這一年我都是撥著霧前行的。心中滿是不確定，對於自己的方向是否正確，一直心存疑問；但心中又滿是篤定，這一條路本來就要一直向前走去，即便我停留駐足，二〇〇六年依然會按時來到，我還是拾起腳步，快步跟上才好！

　　這一年，我想通了什麼呢？

　　我重排了生活中的priority（輕重緩急的順序），把emergency（緊急）和importance（重要）劃分開來，學會用效率對付緊急事務、用堅持面對重要事務。就拿我最認真的先生做例子好了！

　　我先生擔任網路通訊研究所所長，目前是副教授，是個做事非常認真負責，並且要求完美的主管。當研究計劃繳交日期在即，或系所評鑑在即，甚至是我公公住院，需要子女輪班照料，他的身體裡都像是裝了一個強力渦輪機，可以瞬間發動、運轉，讓他發揮超人般的體力，熬夜工作、開車、打字、修改學生的論文，及時完成工作交差，而且品質不減。我先生很有一套，從刷油漆、修水管、帶小孩到寫論文、系所課程設計、出國談締結姐妹校的事宜都可以一手包辦，效率之高，像變魔術一樣。

　　能幹的人，emergency 到了手頭上就會自動化解，如期交差。我先生正是這樣的人。

　　不過，他卻犧牲了他的 importance。

　　看著我先生日復一日的忙碌，為他人做嫁衣裳，我很心疼，也很心酸。他一直把自己的需要擺在很後面，以家庭、工作的圓滿為前提，久而久之，我發現，他已經忘了屬於自己的快樂是什麼了！他樂見工作有成，學生離開了網通所之後，有很高的就業率、就學率，看著群岳、群芳快樂成長，看我讀書、寫詩、帶語資班、在樂團裡唱歌等等，都令他快樂滿足。但是，若有半天讓他可以自行運用，他不是回家休息，就是去游泳。這也沒什麼不對，對他這麼忙碌的人來說，休息是很重要的！重點是，我覺得我先生已經忙到忘了自己年輕時曾經熱烈地喜歡過什麼！年紀的增長、擠壓，他曾經炙熱年少的心房裡，取而代之的是工作、家庭、責任和壓力。

　　那麼，自己呢？

　　讓我們將時間推回到大學時期，那應該是一段擁有最多自我的時光。我們大多是離家外宿四年。那時，扣除上課時間，我們忙什麼？我們忙的事，應該是出於主動選擇的成分居多，我們的選擇除了基於未來就業之外，應該就是基於自己的興趣和喜好！曾幾何時，這些喜好，在就業之後就不再是喜好？興趣就只能成為過去？曾幾何時，我們只會說：「想當初我年輕的時候……」其實這些以前令我們醉心、忙碌的事情，以及那種投入的心態，即使在當了老師之後，都依然可以存在，差別在於：也許用原來的方式，或轉型、用另一種型態存在。我們應該一直保有「做自己愛做的事」的欣喜與投入感。在卸下教職、為人子、為人母的身分之後，我們還有真正屬於自己的身分。這樣的身分會

帶來一份持久的活力，給自己單純的目標，並給自己快樂、滿足的感覺。

這樣的事情很少帶著 emergency 的色彩，所以常常被我們擺在最後面，甚至遺忘了！當我們每天忙著出小考試卷、備課、改週記，忙完了學校學生的 emergency 之後，我們都累了，能休息最好，哪有時間做具有 importance 的事呢？連看電視，都是癱在沙發上看的，哪有心力去規劃什麼 importance 呢？

越忙就越難動腦，越陷在 emergency 的惡性循環當中，久而久之，我們就只能處理 emergency，而不懂 importance 了！

學生們不也是這樣？像我的班 207，幾乎每天都忙著上課、作業、報告、小考、新進度、補習、社團等……碰到啦啦隊比賽或社團成果發表會時，更是忙到人仰馬翻。每天都在應付明天的、這週的 emergency，有什麼時間去關心同學、關心老師、讀課外書，想想自己大學念什麼系所比較好？想想高二上錯過了什麼，高二下要趕快做的是什麼？想想如果把自己放在 207 之外，個人還有什麼特質可以好好發展？

學生們越是不想這些屬於「自己」的問題，他們就越難為自己找到適合的出路，只用成績或師長的看法來作為大致的方向。這樣也可以過日子，任何思考方式都可以過這一輩子，沒有好壞優劣之分。然而是否樂在其中，或毫無遺憾，就很難說了！

我們這些三、四十歲的人，常常就是忙於應付 emergency，帶著十足犧牲的色彩，在工作和家庭裡付出。我常說：「只要老的沒事，小的沒事，就是天下太平了！」殊不知我們除了正日漸年老的長輩、抗體永遠不足的小輩以外，還有工作上永遠準備不完的「95 暫行綱要」、「98 暫行綱要」、「4000 單字」、「7000 單

字」，還有輔導課變少、讀不懂學生的火星文等等層出不窮的新招、新難題要應付。

好想孩子快快長大，我們快快退休！

可是我敢斷言，在忘卻自己的興趣、喜好的二十多年之後，即使我們退休，也很難積極、有活力地經營自己的「第二春」。當失去了工作團體的依附，我們更難找回自己的色彩！想重新塑造嗎？過了五、六十的年歲，要重頭來過……想來就很辛苦，不是嗎？

所以我覺得自己的importance，一定要用心把時間規劃出來，認真地做；幸福的話，和自己的伴侶、孩子、同事一起規劃；不行的話，用週間連堂的空檔、月考時的空檔、年假期間去做，就算一個人、沒人陪伴也要去做，可以斷斷續續，但不要全盤忘記。當我們擠出時間來做自己打從心裡喜歡的事，我們就會感覺有活力，真心歡喜，那散發出來的氣息，對自己、對周遭的人，都是最有益身心的芬多精。

你喜歡看電影嗎？喜歡唱歌嗎？一直想學游泳嗎？想學跳舞嗎？愛打球嗎？想環島旅遊嗎？其實想做的事大有可為！只要我們不把自己局限在emergency當中，陷入emergency的惡性循環，用心地、刻意地挪出時間投入importance，並養成習慣，讓周遭的人把你的importance當成是你的一部分，像你的工作、你的身分一樣！其實，我們的importance，本來就是我們的一部分，為什麼要習慣去割捨自己很重要的一部分呢？

另外，還有一件對每個人都很重要的事——健康。

健康的重要性就無須贅述了！然而我們幾乎都以忙碌作為拖延的理由，把運動放在最後面，到不得不的時候才去做，畢竟不是人人都愛流汗的感覺。但是不運動，很難有積極的健康，有力

量把毒素從毛細孔推出體外。有些老師藉著飲食調養身體，這恐怕不夠吧！找一個自己可以接受的方式，不要怕麻煩，用定量的時間去活動身體，持續活動至少三十分鐘以上，要流汗、要有點喘！把運動排在你們的課表上，挪出時間離開辦公室，用另一種方式去使用你的身體。其實，待在辦公室時間越長，不代表產能越高，反而因為仗恃著時間充裕而慢慢摸，兩個小時的空檔反倒只認真地做了四十分鐘的事。一來耗掉了時間，二來也對自己感覺不舒服，徒增悔恨。這種悔恨，常使我們忘了自己已經達成的產能，進而否定自己的成就。

面對這種每天要交差的事，我常給自己訂工作時間。我發現在適當的時間壓力下，辦事效率最高。如果知道中午有個聚餐，吃完飯回來就得上課，我會上緊發條，快快把事情辦好，連跑處室的腳步都變快了！然後去吃一餐，聊個痛快，回來上課時充滿電力，這是我的最佳狀態。為了要能游泳、為了要能樂團團練、為了要能聚餐，我會發揮最高效率，一舉數得。

這一年裡，不斷衝擊而來的事物考驗著我的priority，考驗我分辨emergency與importance的智慧。常常是想做的太多，一天卻永遠只有二十四小時。這學期，我非常不明智地割捨掉聚餐的時間、割捨掉和好同事聊天打屁的時間。我不再像往常積極地拉人吃飯，或月考時出去玩，和同事的互動大大減少了。當我發現聚餐聊天時，竟花最多時間在了解各自發生的事，老停留在前情提要，還來不及說各自的感覺，就得回校上課了，什麼感受都沒有分享到，我真的有點嚇呆了！曾幾何時，認真分享生活點滴、交換心得的我們，怎麼會口耳相傳彼此的近況？有了同事的情誼，才使得辦公室像個家，怎地今天竟單單成為一個工作場所而已？我不知道世賢的婆婆過世、千鈴的爸爸大腸癌、鐘云就要論文發

223

表、秀珍已病了一個多月，也記不清保惠的孩子到底幾個月大。我把自己埋在語資班的防護罩裡閉關修鍊，忘了還有防護罩之外的世界！這是我的不智，是一個沒有好好經營的importance！幸好有保惠，他來來回回地安排出遊，上上下下地跑來跑去傳送訊息，傳遞溫暖的關懷。

讓我們一起振作吧！在2006這狗年的開始，期許自己更豐富的未來！下學期，記得善待自己，多運動、多聚餐，趁還是三次月考時，多出去走走！

祝你們新春如意，年年健康平安！

淑敏, 2006, 1月16日

第十一期

回頭的風景

親愛的朋友：

習慣於爬山的人，常能體會到意外的感動。還記得我在八年前初登玉山時，八公里的山路又臭又長，身上是水、米糧、睡袋等重達十五公斤的裝備。隨著山勢越爬越高，爬到走不動了，就在路旁把背包倚在山壁一靠，喘氣、擦汗、喝個水。此時不經意地回頭看，阿里山、鹿鳴山、關山等較低的山連成一線，成了一幅開闊的風景，層次不同的綠色交織出錯落的景致。此時涼風一吹，我又心甘情願、無怨無悔地往前路走去。

今年是教書的第十六個年頭，偶爾和畢業的學生聚會時，我就感受到這般意外的驚喜。看著他們都成熟長大，朝著自己堅持的目標努力，那份堅毅、勇敢，揉入了體貼、細心，讓我大大驚嘆：這些當年青澀的學生，如今脫胎換骨，成長得如此之好。他們成了我的另一個視野，充實了我教書的世界。

謹將這篇文章，送給我已畢業的學生。

＊　＊　＊

當老師當久了，我養成了不自覺的壞習慣，習慣用一些數字上的比較，來衡量帶班的成就。例如，今年我教的班上有幾個學測英文滿級分？全班平均又是多少級分？今年有沒有考上臺、清、交的？幾個國立的？錄取率是多少？這統計的平均數字，總帶來一些暗地裡的沾沾自喜或黯然神傷。有時，在講臺上

我也會自吹自擂，吹噓哪年我教的哪一個班，英文上的表現有多燦爛。

習慣用數字衡量教育的成就，這樣的教育好像是拼經濟一般，總要犧牲品格教育、藝術教育，結果人民吃得飽、吃得好，但是吃得很沒格調。學生考得好、念得高，但是精神生活貧乏，沒有獨立自主、獨當一面的能力。

我自認我每教一個班，不論擔任導師或科任老師，我都是用生命來帶學生的。我的意思是，學生成為我關心的重要課題，他們也成了分享我生活喜樂悲苦的對象。我會在課堂上講我最近的體驗，同時貼近他們的生活，給予適切的引導和啟發。我自覺：如果我和學生之間沒有互相的了解和互動，我就無法認真地和他們相處，積極地做好教書的工作。我曾經帶過成績最好卻也最勢利眼的學生，我被傷得很深；也教過不被寄予厚望的班級，卻最能解我心思，相互陪伴。

帶班如同人生，常是難以兩全其美。我因為這一班的月考平均而感到開心，卻到另一班去訴說，其實我的開心來得很空虛，以及我對他們有多大的期許，教他們要更加油、努力。

今年有幾個事件，讓我有深刻的體驗。

第一件是發生在大年初二。我奉命煮了一桌的年夜菜之後，又再臨危授命地煮了一桌飯菜招待小姑回娘家。才剛完成使命，我就打電話給以前金山高中的學生，叫他們把我約出去透透氣。金山的學生多已大學畢業，出來工作兩年了。聯絡之後，我就有最堂而皇之的藉口出走，參加為人師表最有意義的同學會。這些孩子來了大約二十個，帶我去吃晚餐、打保齡球。我穿著及膝的裙子，跨坐在機車後座，任他們載著我在基隆的市街上穿梭來去。他們告訴我很多事情，大多關於班上同學或自己的工作、生

涯規劃等等。這些孩子的行業士農工商，五花八門，各有自己的際遇和考量。反觀我呢？在單純的校園裡，反而看不到許多他們經歷的事。那天，我混到半夜兩點，才被載回家門，心裡卻感覺很豐富，充滿許多我沒猜想到的發展。我們一起回想七年前發生的事，我罰了誰、罵了誰、踹誰的椅子；如何性格地不甩行政指示，如何走險棋，如何大膽地帶他們去海邊露營。七年前的往事一一被喚起，我心裡一直蒙塵的角落重現光明，學生帶著我看七年前的我，也從新的角度看我自己。

　　這個班級是我第一次經手的高中班級，是完全中學裡第一屆的高中班級，而我也是新手上路的高中老師。校長明白地指示，能孵幾個蛋就孵幾個蛋，意思是照顧好那幾個有希望上大學的學生就好，其他的不必多做。我們初估的錄取率只有百分之二十，很慘。我不管校長怎麼說，班級是我在經營，付出多少，我自己考量。這些孩子在學業表現上被定位得很低，很不被看好。我陪了他們兩年，後來因為結婚，在他們升高三那年我含淚揮別，來臺中定居。這些孩子爭氣地以百分之六十五的升學率考上了大學。而今他們畢業了，各自有了穩定的工作。我還是不解：為什麼當年校長那麼不看好他們？這些孩子今日不都過得不錯？他們對我這個「叛逃」的老師如此貼心，在大過年的時候隨call隨到。他們的情義，會比學業好的學生差嗎？

　　我很慶幸自己沒有聽命於校長的指示，只顧那幾個成績好的！要不，我就沒有這些個跨齡的真心朋友了！

　　＊　＊　＊

　　事件之二，是我離開金山，來到清中經手的 309 班。這是一個社會組普通班，我是清中新人，帶二年級。可能我還在「觀察

期」，所以帶普通班，學校也比較沒有風險。我一樣如往常的帶班風格，和學生坦誠以對，這個高二班接二連三出狀況，日子很少是風平浪靜的，不是班上在忙著辦活動，就是早自習狀況不佳，還穿插著一些感情事件、師生誤會、家長來電等等。但當問題都一一解決了，高三時這個班就很穩定，一直向前衝。309班的聯考成績不錯，還有百分之七十八的錄取率。這個班級畢業後，我們之間的聯繫就是片片斷斷的，接下來的四年，我都待在專任辦公室。去年，我偶然得知致汎的消息。他是當年309班上一個英文一直被當掉的學生，堅持要念服裝，也上了南實踐服裝設計系。升大四的那年暑假，我第一次打電話給他時，他正在英國修服裝設計學分。同學近一步聊到他的事，我才知道他真是成就非凡：他現在米蘭開服裝設計工作室，用家族的姓做品牌名稱，所設計的衣服進入義大利百貨公司的精品街。他的故事傳奇得像是假造的，我還偷偷上網，查他所講的是否都屬實。他的作品在二〇〇一年莫斯科服裝設計大賽中，從兩萬件作品中脫穎而出，得到第一名，照片還登上《時代雜誌》的莫斯科版封面。

八年前，他在我班上只是個靦腆、內斂的學生。我完全猜不到八年後，他成就了如此一番氣候。

之後又有文翔的消息。他二度前往歐洲自助旅行，第一次是銘傳觀光系畢業後，一去就是六十天；第二次是退伍後工作了半年，錢存夠了，就去義大利、瑞士和法國四十五天，拍回來的照片還真不遜於攝影師的作品。他也是提供我最多去希臘自助旅行實用資訊的人。然後是上婷，考上東吳哲學系，大學畢業後考上彰師藝術教育研究所。今夏才修完學分，和研究所指導教授去俄亥俄州修了三禮拜的課，並且去波士頓和紐約轉了一圈回來。八

年前的他是班長，成績一向中等，但很有魄力，處事頗有主見，而且很有實踐力。

　　我會找這些學生吃飯，甚至來我的班上和學弟妹對談，分享經驗。他們把時間敲定，就很阿沙力地來了，連忙碌的致汎都一口答應。在文翔歐遊四十五天之後，我約了他和上婷一起喝下午茶，我說要看他們的照片、聽他們的心得。十分意外地，這兩個學生各自從巴黎、紐約帶了小禮物給我，在文翔一一為我解說那兩千多張照片後，我請他燒一張照片CD給我。沒想到他取出手提電腦裡的那張CD，說：「這張就是要給你的啊！」此時，上婷也拿出他事前燒好的照片CD給我。太驚喜了！不是因為禮物，而是驚訝這兩個孩子如此貼心，想得如此周全。上婷說著他的紐約之旅，文翔告誡我，去西班牙時一定要很小心……以前我講他們聽，我為他們準備考卷、講義，說我的人生故事；現在他們講我聽，我還頻頻提出問題，問他們有沒有什麼建議。這些孩子不只長大了，而且長得很好，都成了獨當一面的大人。他們是七年級生，但沒有一點草莓族的味道，我覺得他們的路走得比我更寬廣。

　　這些回來聚首的孩子都是這樣，不論金山的、清中的，都一樣溫暖。原本我只想著陪他們一段，用我的經驗和活力，豐富他們的高中生活。我內心很希望，孩子會慶幸高中時期有我陪伴。現在我卻慶幸有他們陪伴，領著我看到更遠的風景。這不在我的規劃之內，好像每個月匯入帳戶的薪資之外，一筆天外飛來的紅利。我登玉山，走八公里是為了攻頂，拍一張登頂的照片，成為玉山勇士。但回想整個又臭又長的路程中，令我清晰地宛如吸到高山空氣的，是那不經意、回頭一望的風景。

* * *

文翔今年深入走訪義大利的行程中，有一站到了列入世界教科文遺址中的五漁村。五個漁村交通不便，只靠沿著海岸的山壁，開拓出的一條條棧道連通，小汽車、摩拖車都無法通行，當地的人文風情因此得以保存。文翔將這五漁村列入必經行程，那天他拼上了腳力，從早上十點走到下午五點，在腳走到快斷了的時候，他回頭一望，拍了一張我最喜歡的照片：四座翠綠的海岬在身後一字排開，向外延伸入碧藍的大海，海浪拍打，宛如白紗的裙襬，鑲在山海交界處，金黃的義大利陽光輕灑……這回頭的風景，拭乾了他一身汗水和雙腳的疲憊。

教書十六年，看著長成後的學生，我明白，他們就是我回頭所見、意外的風景。我與他們不過三年的師生緣，意外結出最美的結局。一度，我引領他們前行；而今，他們用他們的成長，回頭來牽我一把，讓我站得更高，看到我從未料想過的世界。

謝謝他們！我的人生因此更加有福、更加豐富。

淑敏, 2006, 11月

第十二期

再見

親愛的朋友：

　　這封通訊寫完，我就要遠離一陣子，閉關起來好好修煉。從一年三封、兩封，到一年一封，這是第十二期，我反覆地讀過，覺得能分享的很有限。重要的是，我的心態不太對。我總覺得自己的分享，似乎要能帶給這個環境一點改變。我的預期錯誤，也給自己帶來失望。檢討的結果，是自己認知錯誤。在不願草草結束的心態作祟下，我以這蝸步的第十二期，和大家說再見。

　　207這一年，讓我看清了很多事情。我覺得207好像在替我打預防針，敬告我在群群和芳芳念書時，我可能會面臨到的問題。每個問題我都想得很深，以導師的角度，也以家長的角度，我想到孟子所說的：「動心忍性，增益其所不能。」與其說我帶207，不如說207帶著我成長。在想事情想到腦袋發燙時，我慶幸自己有不錯的習慣，讓發燙的腦袋有個降溫的方法。

　　我有三樣法寶。

　　一是游泳。當我跳入泳池，腦袋彷彿會「滋」地一聲地冒出白煙。在蛙式、自由式、仰式的變化中，我的靈感一一浮現，事情自動沉澱出處理的步驟和順序，煩惱全清；爬出泳池、洗個澡，我又可以一身清香地辦事去。

　　二是讀書。讀到精彩的書，會讓我把焦點轉移到有益、積極的觀點上，覺得自己有充電的感覺，更有能力把事做好。近期讀

了飯店管理人蘇國垚和超級馬拉松王林義傑的書，整個人很快地從低落的情緒中振奮起來，效果超好。

三是踏青。完全轉換陣地，到青山綠水中呼吸不一樣的新綠：四月的油桐和螢火，五月的相思，七月的檳榔花，八月走訪花東，秋涼看山，十二月賞山桐子。大自然是療傷聖手，在我和孩子一同共賞時，倍感主賜的恩惠和富足。

近期，因為種種賽事而倍感心煩，忙過了合唱比賽，忙英文話劇比賽，心情常是一觸即發，格外敏感。我發現，我最容易對別人無心的「以為」大為光火。我舉兩個例子。你們知道我第三次月考的題目，什麼時候就出好了嗎？第二次月考完後一週，我就出完考題，並請人校訂，同時敬告任教二年級的老師，命題方式及命題範圍更動，考到第十課結束。原以為這樣做已經很周全了，但考前一週，還是有老師「以為」第十課只考單字、片語，眼看月考在即，我又是出題老師，我該做些什麼嗎？是我的問題嗎？我想到嚴長壽的一句話：We are as strong as the weakest joint.（我們如同最脆弱的環節一般強。）我盡量做得周全，但不敵他人疏漏，面對別人「以為」的疏漏，我到底有沒有責任？

你們知道我多沒有氣度嗎？我火大了一天。其實，我在意什麼？我再告知一次就好，講清楚就好。那又不是我的問題，我氣什麼？

我還是做不到沒有火氣、客觀一點看自己做的事，以為事情成敗都和自己有關，導致情緒為此上上下下，難怪我老是不平靜。

第二個例子，是學校訪日師生團找第四位隨團老師的事。當保惠一一詢問過英文老師之後，隔天，就有老師隨口說出他的「以為」：「淑敏，聽說你要跟著去日本，不錯哦！」

我一臉愕然，心中暗操三字經。

「當做去玩玩，不錯啦！」

帶語資班，我已經接受到許多「以為」的訊息，即使我一再拒絕「對號入座」，我仍為這種「以為」火大、沮喪。難道因為我分擔了一個特殊的任務之後，接下來就順理成章地要接下一個駭客任務嗎？

聽多了不痛不癢的讚美，我才漸漸了解到殘酷的事實：有時候讚美是一種問候的方式，像問你吃飽沒一樣。但是有時候更殘忍地，讚美變成一種推託責任的方式，那意味著你能做就多做，我們就不用費心了！

我自此對讚美免疫！

我珍惜在箇中真懂一二的人給我的任何建言和評語，但絕對把無關痛癢的美言留在垃圾箱裡，連回收都不必！然而心煩就像廚餘回收桶一樣，漸漸發酸、發酵，氣味真是不堪啊。我想了很久，原來我的心態才是癥結所在，但在此之前，我一直以為是別人的問題。不，是我預期錯誤，才導致情緒連連。

最近因緣際會之下，我開始做著去南投教書的夢，想找個平靜的地方做自己想做的事。我打電話和一個西螺的老同事聊天，他說起了擔任芳苑國中校長的先生，同時也是我的學長，說他最近所受到的挫折。芳苑國中很小，一年級只有兩個班，全校十三個老師要走八個，其中包括三個主任；此外，現在可能又面臨減班的狀況。老天才知道他有多委屈：他從學期初就挨家挨戶到國小應屆畢業生的家中拜訪，留住學生在本地就讀，如此將近四個月。拉了幾個？一班最少人數要十八人，得要三十六人以上，才可以保住目前每年級兩班的規模。他很可能是開不成兩班的。

這位校長為了發展這個偏遠的迷你學校的特色，特別為學生組成一隻舞龍隊，苦於沒有三十多萬的經費買新的龍，於是向別

的學校要了一副舊龍骨，然後買龍布，全校師生利用閒暇時間縫鱗片，一片龍鱗要三個亮片才能縫成，龍長九公尺。我這個學長巡完早自習，就在龍布旁坐了下來縫亮片，一個五十多歲的大男人，每天早上手持針線，窩在一個角落縫龍鱗……

而今，十三位老師要走八位，主任走三位，應屆學生招生不足三十六位，可能面臨減班的命運。

我簡直要用悲壯來形容他。

我這學長說：「退休算了，反正年齡也到了！」靜水深流的「學嫂」安慰的話說得充滿智慧：「唉！你又沒做退休計劃，說什麼退休！退休了，又能做什麼？你還可以做，就繼續做吧！反正你能盡的力都盡了，也無愧職守……其實你不是想退休，只是遇見關卡，覺得受挫很深，如此而已。」

是啊！和學長的難處比起來，我算什麼？被人家的幾個「以為」，就自己唉呦喂呀地哇哇叫，且彷彿蒙受六月雪竇娥冤的天大冤曲！

學嫂的話真如當頭棒喝！其實我也不是想遠走南投，只是遇到挫折而已。而這挫折，其實是我自己加給自己的！

我這「學嫂」一向擅於「微笑」著策劃活動。小如資源班半年的課程設計，包含烹飪、手工藝、美容美髮、外帶成果發表會；大如三輛遊覽車的全校活動，或畢業典禮的場地佈置，從地上、舞臺到牆壁，都是他一個人策劃的。他也面臨退休年齡，同事紛紛勸他別退：「你退休了，誰帶我們玩？誰教我們做染布？誰帶我們去看螢火蟲？誰帶我們做緞帶花、手工蠟燭，編藤球？還有阿里山賞櫻、風櫃斗賞梅……」他做得比我多，活動比我大，但從沒聽他唉過一聲。雅卿不也是這樣嗎？我們看過他越忙越瘦，但什麼時候看他垮著一張臉？

我真是汗顏。

週日晚上十點半了，我步出新學友，提著一袋書，想通了這些事，心裡覺得格外輕鬆。我把對自己說的話記了下來：我決定不再去想去南投任教的事，那只是讓我更負氣地做著躲避的夢而已。其實，我不見得是想離開，只是遇見挫折而已。我決定能做多少算多少，而且開開心心地做！不為難自己，更不為難別人。

英文有一種說法：a blessing in disguise（偽裝的祝福），像包裝成苦難的禮物，要拆開苦難，才拿得到其中令人驚喜的禮物。我很欣賞上帝的智慧，總讓我們走過試煉之後，更順服在祂的面前。這世界有很多看似相反的真理：越看似柔弱的其實越剛強；在後的變在前；小孩才能進天國；主人服侍僕人……我走出書局，夏夜晚風徐徐，我突然覺得自己很富有，像個有錢人。我有錢買書，買令我開心的東西，我不講究名牌，有個安穩的家，想吃的東西都吃得起，也不用計較多少錢；有好東西和同事分享，也樂於分享，我沒有付不起的慾望，有一份值得貢獻心力的工作和兩個可愛的小孩天天陪我入睡……207的學生說對了：我真的看起來很富有，不是只表面上而已，我是真的很富有！想想：原來有錢的感覺就是這樣。

為此，跟各位說拜拜。我想痛快地讀書、痛快地游泳、痛快地享受大自然、痛快地寫文字。我希望一段時日過後，我會更成熟、更開朗，而不再當一隻為大小事喳喳吱吱的麻雀。

祝福你們！

淑敏, 2006, 3月26日

第十三期

追逐日光

親愛的朋友：

之前說第十二期通訊是最後一期，對不起，我食言而肥了！週日秋陽的天氣，我坐在我家的小花臺旁，讀了尤金・歐凱利的《追逐日光》。週一來學校上班，秋陽的色調把天空襯得很美。我在307監考，拿出《追逐日光》再讀一次。當監考鈴聲響起，把我從書本中喚醒時，我連「收考卷」都忘了如何開口！

我沉溺在尤金最後的秋陽中的美好！他的人生在秋陽中畫上句號，這對於我，卻是另一個擁抱生命的起點。

回頭翻看自己看書的記錄，中學時期我嗜讀散文，大學時只啃小說，一堆如山的小說，然後拉拉雜雜地讀些有的沒的，教育類的、管理類的、商界名人的、生活哲學的、價值觀的、洪蘭的、龍應臺的書。我的閱讀顯示出我的企圖：我發覺自己企圖要抓住生命的線索、原則，想清楚我到底要掌握什麼、留住什麼。尤其三年前，我診斷出腦下垂體腫大的病症時，我一度生活是焦躁、無力、停滯的。我的孩子還幼小，我的人生會有什麼變化？那是一場false alarm，是有驚無險、虛驚一場的警惕。我決定，我的生活必須重頭排序。因此改變了我閱讀的方向。我想要過得越有效率、越多元、越圓滿。我自知我的時日，可能沒有我以為的多，我必須及早到達目標。像尤金・歐凱利這樣的成功人士，正是我最感興趣的人物典型之一。

尤金・歐凱利是美國KPMG的總裁兼執行長，KPMG是一家

資產達四十億美元、擁有兩萬名員工、具百年歷史、名列美國前四大的會計公司。二〇〇五年五月，他被診斷出罹患末期腦癌，僅剩不到六個月的生命；六月，他辭去服務三十多年的工作崗位，重新分配時間和生活中的順位，去學習擁抱生命、擁抱美好、擁抱愛他與他愛的人，與他們解開人際關係，告別，然後擁抱死亡。他將罹癌的噩耗轉成春天枝頭的新芽，讓周遭的人繼續另一番四季的輪替，他滿心歡喜，自願化成樹根下滋養的春泥。

我知道有不少勇敢的人如何平靜，甚至積極地面對自己不久於人世的噩耗，但像尤金這樣，在死前五個月從錯愕、接受、計劃到葬禮，他所創造出生命的能量，像是將生命中最完美、最純粹的幸福又再活了一次。他的腦癌像是老外說的 a blessing in disguise（偽裝的祝福），為他的人生帶來全新的體驗。

我讀了不少鼓勵人活在當下、體驗生活美好、抒發人生價值的書，這一本最令我動容，因為它是用剩餘的生命所寫成的！書按事件發生的順序寫來，我讀到尤金如何從事業的巔峰，直接跳躍到人生的盡頭。他形容自己的生活是腳踩在油門上，以時速一百英哩的高速前駛。現在，路彎了，風景都不一樣了。尤金從掌控時間到完全交出掌控權，卻還能微笑地寬慰身邊的人，優雅、自信地利用所剩不多的時光，重新啟動生活中遺落已久的美好，也用筆尖寫下他的心得，提醒別人這些美好。單單是他這份胸懷和雙贏的智慧，就足以使我闔上書本後，內心卻還澎湃不已。

通常，人總是越活越複雜。我們也不時會停下腳步，讚佩一些擁有赤子之心的人，欣賞他們單純擁抱生命的姿態，然後再匆匆趕路。有些辦公室的同仁會說我懂得生活，是個很浪漫的人。我也很喜歡這樣的稱讚，雖然我也很有自知之明，其實自己常是在慌亂中求生存。不過，我確實有一些基本需求，可能因此讓人

說我浪漫。像是忙翻了的時候，一定得抽時間上山走走；一定得放點音樂才能安下心來工作；若是真能閒下來半個小時，我就會來杯咖啡；臺灣欒樹、苦苓、油桐開時，我一定得去浸在滿眼色彩的世界裡。我必須呼吸到那個氣味、體驗那個感覺，我才真的經歷過這個季節。

其實，我的體驗就是你們的體驗，只不過我把這種需求排在前面，盡量滿足罷了。

尤金在最後五個月的生命中，第一個重拾的美好，就是用他的五官、用他的心去體驗大自然。其實，他將書名訂為《追逐日光》，就是很感官的體驗。尤金熱愛高爾夫球，他說：

> 我最喜歡在接近傍晚的時候打球，那時球場幾乎沒有人了，夕陽低垂，遍地斜影，球洞周圍的樹木看起來似乎更迷人也更美麗。這時候打球最棒了。站在高爾夫球場上的我們，有種莫名的感動，知覺也更為敏銳，好似我們不只是在打高爾夫球，也是在追逐日光，想好好把握住剩下的光陰。

我們的五官是最直接的恩賜，但如果沒有半點堅持，在成長的路上，五官的感知也是一一被丟棄、視而不見的。這種快樂，是我們接觸世界、認識世界的第一步：我們嗅聞著媽媽身上的香味，兔毛圍巾繞著脖子的柔軟，秋涼的晚風吹到臉上的感覺，全身泡在泳池、被水包圍的感覺，玫瑰甜甜的香味，下雨前泥土散發出的潮溼土香，唇吻時柔軟的觸感，音樂節奏帶出來的跳動，演唱會上一首曲子結束後的安可叫好……有多少感動，是我們順著感覺、讓它盡情發揮時就會產生的。尤金說：「有些人不了解，生活中的小快樂竟比大快樂來得更有意義。」這種欣賞大自

然的能力，應該是生活中很扎實、很基礎的部分，是很基本的需求，應該不斷被滿足，也很容易滿足。曾幾何時，這個快樂變得稀有、變得需要追求？

前一、兩個月，我發現自己很少開唱機，我可能連著一個禮拜在家裡坐下來時，都沒有播音樂來聽。反觀那一段時間，我自己是被動不安、雜亂無章的，而且遺忘了我可以用音樂讓自己沉靜下來並重整一切的順序。我就這麼亂著亂著，驚險度日而不自知。「還活著，卻形同死亡。」、「渾渾噩噩地過日子就不算真正活著；漫不經心地生活，對這個世界、對自己都沒有好處。要體驗大自然、體驗五官帶來的感動，是基本的能力。它能帶來許多的快樂，且唾手可得。」尤金提醒我，不要忽略了最簡單的快樂，最直接、活著的感受。

尤金在最後的時日，做了一件我認為最浪漫的事：解開人際關係。這聽來一點也不浪漫，不是嗎？他在得知自己罹病之後，在筆記簿上整理自己該做的事，其中一件便是解開人際關係，他畫了同心圓，按照關係，從內到外共有六層同心圓。最內圈想當然耳是他的太太，之後是孩子、至親、認識了一輩子的老朋友、商場上的好友，因為共同經驗或愛好而成為朋友的人。他要由外到內，用合宜的方式回味他們這一段情誼中最美、最純的部分，然後謝謝他們。可能的話，給他們一個特別的驚喜，作為告別的方式。他將這段解開的程序設計成一個正式的終點，甚至創造出更有意義的、延續的回憶。

他利用電子郵件、電話，甚至在中央公園散步，讓他「聊聊彼此的友誼，讓他們知道他們／他對我有多大的意義。」第六圈列出來的有一千多人。他花了六個星期一一處理，解開他與他們之間的人際關係。

解開人際關係，不只能刺激我去回想快樂的回憶，也能讓我專注於生命而非死亡。我能因此專注於自己各式各樣的人際關係，而不覺得自己在世上是孑然一身。……就因為老天給了我一份禮物（罹患腦癌），讓我能有機會解開人際關係。

他舉了大學室友道格為例。他們大概一年只聊一次天，他寫了短信告知他罹癌，「我想寫信告訴你，從賓州大學算起來的這許多年來，我們的友誼對我來說意義有多重大，祝你生活一切順利。」道格回電。聊了些往事，道格提醒他，他是他們這群人當中第一個抵達許多里程碑的人，例如：第一個結婚、第一個當父親，而現在也將成為第一個抵達另一個世界的人。道格和其他人之後也會加入他的。

我相信，這樣地解開人際關係，讓彼此都不再有遺憾，而且充滿深深的祝福，這種交流是尤金所謂的「完美時刻」。在他過世前，有六週的時間都在體驗他與朋友之間最純粹的交集。他看似耗費了最寶貴的、所剩不多的時日，卻也延續交集中最美善的部分。看似時日不多，卻時時刻刻充滿幸福快樂。他破除了時間的限制，不選擇用醫療方式延續自己的生命，然後把時間和心力都耗費在這些醫療上；相反地，珍惜所剩的日子，把生活的品質提到最高──真正地活著！

回過頭來想想我們：這個將死，其言也善的人鄭重地告訴我們，他死前是這麼做的。我們活著的人，是不是真的要知道自己死期不遠，才會珍重生命，真正地活著？其實我們可以接受他的提醒，活得快樂、真誠、美善一些，不是嗎？

這樣的態度，讓他無懼生命的終結。

這本書也提醒了我，不要總是將目標放在將來，不要企圖

藉由計劃時日來確保未來可能的快樂，而忘記了珍惜並活在當下的快樂，比冀望未來不確定的快樂，來得實際許多。我一向是個精於安排時間的人，我的皮包裡一定有一本行事曆，不時拿來翻看。我會記錄大事、安排細節，連監考時可以做些什麼，我都會事先考慮。早在十年前，我發現我安排了活動，數算著活動趨近，我做了所有的準備動作，排除所有的變數，讓計劃能如我規劃地一一發生。但是當活動一來，我卻像是履行義務似地把它完成，一點也不驚喜、興奮。它只是計劃中要從事的事件之一，我的興奮與期待，隨著我數算日子而逐漸流失！那一陣子，做什麼都不好玩！我數算著未來，但當那一刻到來，我才發覺我已經失去許多。

　　直到嫁了人、生了孩子，才發現要接受的變化實在太大，我實在太過渺小，我永遠（起碼眼前這十年吧！我是得把自我放逐至邊緣地帶的！）也滿足不了自己的慾望。我的日子是為孩子、為公婆、為先生而過，好像就是無法義正嚴辭地為我自己。我必須接受「計劃趕不上變化，變化趕不上長官的一句話。」是變化和接受，讓生命多了樂趣。我應該活在當下、抓住時機，重現生命活潑多變的本色。我不必等孩子長大懂事，才能感覺輕鬆，現在我一個人騎協力車載著他們就很好玩；不必等孩子長大，我才能去參加樂團，在車上母子三人一起練唱也很好玩；我不必等當專任老師才能自由自在；不必等孩子大，才能出國……其實很多事情，現在如果做不到，也難保以後就做得到。我們只是冀望某件尚不存在的事，讓它取代了確實存在的此時此刻，一個該細細品味的時刻。我怕當我們不斷延遲當下可得的快樂，只一味地冀望未來時，會如同以往的我，當未來的那個時刻到來，我已不再為之興奮，甚至一切索然無味了！

　　這不是鼓勵即時行樂哦！而是去察覺周遭的一切，放開胸

懷，毫無保留地去感受、體驗自己正在經歷的事。

　　很好玩地，尤金用典型義大利人和愛爾蘭人的觀點，來說明其中根本的差異。

　　　　典型的義大利人從不回頭思考自己做過的決定，他們覺得
　　　根據當時所擁有的資訊來研判，那是他們所能做出最好的
　　　決定，儘管可能不如預期，卻是當時最好的決定。唯一需
　　　要專注的決定，就是自己還能做決定。
　　　　愛爾蘭人背負著悠遠的歷史傳統，凡事老喜歡回頭看，喜
　　　歡縈繞在未解決的情況上頭。有人說愛爾蘭人唯一能帶進
　　　墳墓的東西，就是悔恨交加的情緒。

　　回望歷史，確實是一面很好的鏡子，但我們更應該正視：鏡外真實的自己是什麼、能做什麼，而不是鏡中的自己的樣子！

　　活在當下，是讓自己清楚自己在他人眼中的樣子之外，更忠實於自己的內心，更正視自己著手能成就的事物；是打開自己的五官，體驗自己活著！這種的活，即使只有六個月不到，豐富卻遠超過曾經活過的歲月。尤金藉著打開五官欣賞大自然、解開人際關係，放手享受眼前的一切，他擁有了許多完美時刻，在完美時刻裡，時間幾乎停止了。他用這種方式來戰勝生命的有限。

　　　　我覺得「現在」就像一份禮物（請以英文解釋，「現在」
　　　與「禮物」都叫present）這也許是我這輩子第一次活在現
　　　在，這麼做，讓我在短短兩週內，比過去五年來體驗到更
　　　完美的時刻。

　　史賓塞有一本書就叫《禮物》，寫的也是一樣的體驗。現在

就是一份禮物。這份禮物與我們的成就、生活息息相關，無所不在。如果我們只是期待禮物而忘了現在，禮物就永遠是我們找不到、體驗不到的。

看著尤金的分享，於我又是一大點醒。

這週，我細細品味尤金過世前五個月的心得記錄。感覺像是一位智慧的成功人士與我促膝長談，諄諄地分享予我他的每一個思緒、每一個教訓和學習。我像是看著他在病榻前對我微笑，說著生命多麼美好。他優雅、積極、堅毅，又包容一切、熱愛一切，將死的人卻熱烈地擁抱生命，他是煙火爆裂時，震撼我血管的顫動。

書本最後的扉頁，是尤金妻子柯琳的記錄，以一個親密參與卻非當事人的客觀身分寫下最後的註記，儘管連續六週的放射線照射，可能是尤金身體狀況急轉直下的原因。

> 但另一方面，放射線治療的經驗也變成了一份很棒的禮物，連續六週，尤金在診所裡看到許多比他更不幸的癌症患者，有人比他窮，有人缺少他擁有的個人支持，有人膽小到連機器故障了或被忽略了，也大氣不敢吭一聲，有人太迷惘，太害怕自己沒能力協助家人規劃一個他已不在其中的未來。看了這一切之後，尤金創立了一個慈善基金會，為那些需要癌症關懷的人提供財務上的援助。

我又再一次印證尤金擁抱生命的態度。在自己最末了的時日依然為他人付出。不是因他財力夠，而是他愛生命愛得夠，包括別人的生命。

柯琳也說：

當你日復一日地過生活，也沒有一把箭在你頭上揮來揮去時，很容易迷失在自己的軌道裡。可是當你過著與眾不同的生活，就像五月底到九月初（尤金最後的日子），那漫長似千年萬載，短暫如浮雲朝露的夏天，我們所過的那種生活，你就會了解何謂肅然起敬。你會用一種謙卑的心態去了解何謂勇氣、投入與愛，以及最重要的：何謂生命。

我很愛柯琳重新詮釋尤金《追逐日光》的結論：

雖然他留下我孤單一人在高爾夫球場上追逐日光，但他卻幫我把球擺得好好的，讓我能輕鬆打完這一局。

親愛的朋友，我決定要恢復通訊，這是我擁抱生命，和你們建立（或解開）關係最忠實的方式，假如我的文字還能觸動你們。你們是我的當下，如果我還在意，我就應當好好珍惜、用心經營。

夕陽最美，但沒有不落下的太陽。我們一起珍惜當下、珍惜生命，追逐我們生命中有限但絕美的日光吧！

祝你們平安！

淑敏，2006，12月5日

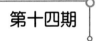

第十四期

語資三年有感

親愛的朋友：

　　這是第十四期通訊。和你們分享我最近的感受。

　　下班的路上，我習慣一邊開車一邊聽廣播。那一天，轉到侯文詠的節目，他正在訪問全人中學的黃武雄校長。我一向對人文教育很感興趣，從森林小學、種籽學院到北政實驗中學，甚至幼教的毛毛蟲學苑，我都下過工夫，也深受影響。這天的對談，讓我很興奮，滿心期望地想聽聽看，這種學校的校長會說出什麼樣撼動我的話？

　　令我領悟最深的，是一個從不進教室的孩子的故事。

　　森林小學的學生可以自由選課，若不想上老師開的課，學生可以選擇不進教室。有個孩子就這樣。森小六年了，他沒進教室上過什麼課。

　　你們會問：「家長、老師不管嗎？不急嗎？」

　　當然急！那該怎麼處理？只能勸或引導，但不能強迫。

　　「不能叫他一定得修點什麼課嗎？」

　　不行！學習是建立在學生的意願上。他不要上課，他也沒違規，他就可以不進教室。

　　這個孩子後來念了全人中學，依然故我！晃了國中三年，到了高一，還是不修課。校長一看這孩子讓老師、家長們等了十一年，依舊無心學習，還要讓他再等嗎？黃校長決定和孩子談談，問他要不要考慮出國讀書，也許會適合點。他考慮了之後，決定

試試看！高二這一年，他就自己讀英文，考了托福五百多分！差點跌破黃校長的眼鏡，心想：他X的，這小子十一年來，什麼時候學過英文了？

孩子申請上美國猶他州的大學。大一念完，暑假回來臺灣，和黃校長說他大一修的社會學報告得了A$^+$，二度跌破校長的眼鏡。「他X的！你什麼時候學會做報告了？」

這孩子熱愛搖滾樂，從貓王、披頭四到重金屬，都熟得不得了，自己收藏了七百多張CD，每首歌都倒背如流。他組樂團，自己當主唱。他的英文實力是這麼來的。

至於做社會學報告的能力是這麼來的。森小和全人對於學生犯規，有一個小法官團，由九位學生法官和三位學生組成。他們針對有過錯的學生討論懲處，孩子之間也會討論犯錯的行徑及原因。然而，森小和全人的老師常把問題提升到更高的形而上、邏輯的思考。例如，有人偷錢，孩子們討論為什麼要偷錢。老師的功力更高，問：「為什麼不偷錢？」假如一個人想偷、能偷、敢偷，他為什麼不偷？孩子紛紛給予意見，歸納出三個結論。人之所以不偷錢，一是因為道德感，知道偷是不光明的事；二是輿論，怕被揪出來後，會被人指指點點；三是恐懼，怕受到處罰。在臺灣，很多人是基於第三種理由，因為恐懼，所以不敢犯法。

這樣的討論在森小和全人中學，正是他們生活的一部分。如此的辯證，鍛鍊了孩子的思考邏輯能力。思路清晰的孩子做的報告條理分明，而不是只會拼貼資料。拿A$^+$，不令人意外。

黃校長的眼鏡跌破得有理。

話說回來，家長、師長為什麼要那般心急？孩子明明就快快樂樂地，他只是不進教室而已，何況事後也證明這孩子成長得很好。那麼，大人們為什麼那麼不放心？

教室才是學習的地方嗎？

可不可以用這個孩子證明：不在教室，也可以學習得很好嘛！

當社會發展到一個穩定的文明程度，人們圍起一塊地方，送孩子去到那裡專心學習。隨著時代腳步加快，人們忙於外在的業務、行程、事業等等，我們對於學習，是不是少了許多內在的思考，把它簡化成是圈在圍牆內進行的過程？而且還期待所有的學習都得在圍牆裡完成？

我，身為圍牆裡的人，假如這圍牆符合社會期望，我肯定它會被塞爆！如果沒有，那我就做出一堆人們期望的數字，染上繽紛的顏色，叫家長看了安心、放心，好比一個包裝精美的盒子，總叫人相信其中的禮物比較值錢！

到底學校包了幾層包裝紙、用了多少緞帶？人們是不是應該多期待內裝的品質，少要求外部那些看得到但會被拆掉的包裝？我這個圍牆裡的教師，是在包裝？還是內裝？如果我的內裝品質很好，為什麼要讓圍牆成為界限？為什麼不推倒圍牆，讓優質的學習也向外擴展，流向各個角落？

我們的孩子，是否被制約成：學習，就是要在學校進行？也只能在學校進行？

還是，被制約的，是我們大人？

身為一個高中老師，我看著一個個通過基測、考上高中的高一新鮮人，帶著何等的期盼與興奮上了高中，開始玩社團、交男女朋友……那跨過界線後的放鬆，似乎來得更恣意而難得！然後升上高三，隨著一次次的模擬考而漸失光彩……我常覺得讀書讀到越高的年級、越逼近大考，越喪失自主性、越身不由己，嘴角也就越垮、越不快樂。幸運的學生，推甄申請後，四月就成了準大學新鮮人。這些人當中，有好一部分連課都無心上了，好像他

已經完成知識的涉獵了，可以收工了！他已經跨過另一個界線，現在準備又一次恣意的放鬆了！

我可以體會學生想放鬆的心情，畢竟，繃了那麼久！可是學無止境，上大學只是踏上另一個起點，不是學習的終點啊！這些孩子還是得上大一英文，為什麼他們會覺得，他可以不用聽我現在上的英文第六冊第十二課、不用做筆記呢？我講的單字他們都沒學過，我們討論的巨石遺跡、復活島的謎，他們也不了解啊！有人連納斯卡線都沒聽過，為什麼他會認為他不需要上課了呢？

以學習為軸線，這條軸線是沒有終點的。但若以上大學為軸線，這些學生確實站在終點了！難怪他們不想再跑了！

真遺憾，這些孩子的象限這麼狹小！

真羞恥，這個象限是因著大人們的暗示而產生的！

正因為我想破除這樣的迷思，我常在課堂上分享「圍牆」外的成功案例。我覺得當老師的，因為自己的經歷是制式的、符合常模的，假如自己不是很謹慎、思考很細密，並且了解教育工作真正的意義，我們就會不斷讓學生學會只要套用公式，並符合常模的規格，後來只學到規格，而根本不了解為何要這麼做。

其實成功的路，讀書只是其中一條。它既不保證康莊大道，更不會人人都通向同一終點！假如孩子們用心在學，難道學好那些算分數的科目才符合經濟效益嗎？學些令自己快樂的但不計分的事，不好嗎？不切實際嗎？為什麼學習都變得很功利，而忘記了學習的本身本就應該是種快樂？

身為一個語文資優班的老師，我覺得我做的，只是正常學生的教育，不是資優學生的教育，但我確定踏實地在做優質的

教育。三年了，我只是還原一個學生在學校應有的學習態度而已。我不知道我有沒有完全刷掉他們以前所染上的顏色，但我確定這三年下來，我的學生比以往更清楚地知道，自己在被染色前是什麼顏色，也因為這三年，他們更確定自己想要成為什麼顏色！

　　但願我的孩子們已經走出圍牆外了！

淑敏

第十五期

薏琳、特有人種、秋涼

親愛的朋友：

　　這是第十五期通訊。和你們分享我最近的感受。

薏琳

　　週三和千鈴、秀珍、保惠去看了薏琳。接受鼻咽癌治療以來，他瘦了許多，進行第二期的化療之後，他還說稍胖了兩公斤。看著他身形日漸消瘦，只能說捨不得，心裡也暗自擔憂。週三看了他之後，心裡比較放心，雖然身形消瘦、臉型微腫，但說起話來中氣很夠，思慮清晰積極，也就讓我們放心許多。離開的路上，我一邊開車一邊看著市政路上開花的臺灣欒樹，心裡滿是感激，而欒樹似乎更顯黃豔！

　　薏琳不知道：表面上是我們去看薏琳，關心他的近況，實際上受安慰的卻是我們。保惠說他回校耽擱了一下，於是他跟學生們解釋遲到的原因。他說他去做了一件有意義的事，並約略地說明前因後果，學生們聽得很專注，似乎也有所領略。是啊！薏琳說，每回我們去看他，都會讓他那天很開心，但他不知道每回我們離開時，心裡的感受是多麼豐富、我們如何因為他而更珍惜眼前的平安和富足。薏琳大概很難想像，他如何成為我們之間一個溫暖的提醒，提醒我們身為家庭的重要支柱，要好好照顧自己的健康，家人才會因此得到妥善的照顧。他提醒我們生活當中輕重

緩急（priority）應有的正確排序。也因為他，我們這些朋友之間有了更強的連結。

　　人生當中的苦難總是突然從半路殺出，教人措手不及。一個人以什麼樣的態度面對苦難，常給了周邊的人不同看待苦難的觀點。有人看著看著，心裡不勝唏噓，滿心的人生無常。蕙琳從四月底得知自己罹癌到九月中做完化療，他的態度一直很積極，不斷地想著下一步怎麼做最好。我相信蕙琳一定也曾一度震驚、否定或抗拒，只是情緒上的反應，對於解決問題於事無補。越早冷靜下來規劃當下，越能爭取到最佳時機。對於務實面，蕙琳處理得很好！而且在心情上，我們也都看到了蕙琳的堅強。他一直將事情朝著好的方向看，他「轉念」的功夫，贏得我們一致的佩服。他一直想著，幸好靜瑜及時提醒他做進一步檢查，不然這癌細胞還不知什麼時候才會被發現！幸好有意文的先生，總是在醫療上給他最佳的建議與安排。幸好貴人一直不斷地出現，解決他接送孩子、整理家務等等的問題。

　　這讓我想到我近日讀到的一篇文章：「生命就是你給的回音。」

　　一對父子走到了山裡，兒子不小心跌了一跤，痛苦地發出哀嚎聲時，他聽到山谷也回應著痛苦的哀號。他不解地看向他的父親。他的父親要他向山谷大聲地再呼喊一次。

　　兒子大聲地喊：「你這個笨蛋！」

　　山谷大聲地回應：「你這個笨蛋！」

　　兒子又大聲地喊：「我討厭你！」

　　山谷也不甘示弱：「我討厭你！」

　　父親對兒子說：「我教你怎麼做。」

　　他大聲地喊：「我欣賞你！」

　　山谷大聲地回應：「我欣賞你！」

　　父親又試了一次：「你一定做得到！」

　　山谷又大聲地回應：「你一定做得到！」

　　父親對兒子解釋，這叫做回音。你給它什麼，它就回給你什麼。人的生命也是一種回音，你給生命什麼，生命也就回給你什麼。我相信蕙琳用積極、善念與堅強來面對生命，生命必然也會回報以積極、善念與堅強。

　　謝謝蕙琳用他自己教會我這門功課！

　　蕙琳，加油！

特有人種

　　這趟美國行，對我有一段精彩的撞擊。我去看了在羅徹斯特讀博士的外甥女，我大姐的長女。提起他，我沒有一次不搖頭讚嘆。我大姐嫁入一個重男輕女的大家庭，他生了四女一男，地位可想而知。夫家中的男人多是勞力階級，我姐夫也是。在學歷上，夫家和婆家一樣弱，只有我充其量是兩邊人家中唯一的大學生。在讀書的路上，其實家人當中，沒有人能給我外甥女什麼建議和提醒。但他一路讀上北一女、臺大土木，在臺大拿了七張書卷獎，其實若不是因為大四畢業時不發書卷獎，否則他勢必連拿八張，無一錯過。你可能不太清楚臺大書卷獎，這是全系前三名才能拿到的獎項。在他就讀臺大土木時，土木系全年級共有一百二十位學生，換句話說，他是大一到大四是全土木系的前三名。

　　他在讀完研究所後當了一年助教，申請上喬治亞工學院和麻省理工學院，因為獎學金之故而選擇全美土木系排名第五的喬治亞工學院。兩年之後卻申請轉學到羅徹斯特念商學院的控制管理，照例學費全免，外加每個月約四萬臺幣的研究金。轉換領

域，從頭來過之後，現在讀博士班三年級。羅徹斯特是所貴族學校，修一學分要一千元美金，我這外甥女算是撈夠本了！他先生今年三十二歲，剛從哥倫比亞財務金融博士班畢業，目前在康乃狄克大學教書。由於財務金融屬於當紅領域，他先生的年薪大約十七萬美金。

我叫他們是「特有人種」：高IQ、高EQ、人脈很廣、懂得打算，而且是走一步算下三步。在我外甥女念臺大土木時，我就很擔心他會成為一個現實的人：讀書是因為有能力，不是因為喜歡。我怕他會把社會上「有成就」的價值觀套用在自己身上，為身為女兒身的自己爭了一口氣，卻迷失了自己真正的熱愛。後來大四時，我得知他也熱愛屏風表演班李國修的舞臺劇，我就放心了。這孩子還算是能真切地體驗藝術，就不至於失了本心，變得冷酷而現實。後來他念了博士班，我又開始擔心了！趁著他兩年前回國準備結婚時，我又問他，究竟讀了這麼多的書，他有沒有發現自己最適合什麼？

「我最適合玩啊！」

自從他考上大學的那一年暑假，我帶著他和我大姐（他媽媽）、他妹妹和我媽媽去香港自由行，之後他每年至少出國一次，用自己打工的錢，自己規劃行程。直到去美國念書了，還是這樣！當他從喬治亞州搬到紐約州羅徹斯特時，把家當放在車上，邊開邊玩了兩天才走到校舍。這就是他！目前他正在計劃明年暑假去祕魯的馬丘比丘。

這回的美國行，我有機會直擊他的留學生活。住在他的宿舍三天，他每天做早餐給我們吃，租車前他已替我們打探好保險事宜，他還教我們上網標住宿飯店省旅費。當我們從外地玩累回來時，他已準備好點心，也計劃好晚上帶我們去吃哪一家餐館了。

253

當然，白天時他還是得和教授討論，或待在研究室。他閒暇時會做串珠，他用斯洛伐斯奇的水晶做了一條手鍊，預備送給一個同學當作結婚禮物。他還計劃網拍其他的串珠作品。回國前，他帶我們去大肆採買各式營養補充品，還幫我的群岳、群芳準備好了小禮物。

聊天時，我問他讀博士會不會比以前讀書來得更辛苦，他說：「還好啊！」我再問他，念到博士班才轉換領域，讀起來會不會很困難，他也只說：「還好啊！」我又打破砂鍋地問他，讀完博士之後留在美國大學教書，學校會要求六年內必須升等，不然就得離職，壓力會不會很大，他也只說：「沒關係啊！頂多再找一所學校就好了。」眼前，他打算多利用陽光宜人的季節，和先生多打打高爾夫球，因為冬天時就只能待在室內了。

我只能說，他實在是太周全了！一點也沒有勉強自己，在自己和他人之間、在課業和休閒之間、在個人和家庭之間、在現實和理想之間，他都權衡得很好，不見他帶著犧牲的色彩，委屈了自己。

是特別聰明的人才能這樣嗎？他們是不是種種好處佔盡才能如此？他們是不是要踩著別人的背才能向上爬？他們是不是錢越多越好？

後來我知道他先生最佳的「錢」途是進入業界。假如他選擇去華爾街，一年四十萬美金是正常的收入。我問他們，難道不考慮去華爾街拚個幾年，小賺一下再來教書嗎？他們的回答令我激賞：「小阿姨，去華爾街要很拚命，一天得忙上十四到十六個小時，是很正常的事，我哪有時間打高爾夫球？賺的錢到頭來都變成醫藥費。錢夠用就好了！賺那麼多，花不了那麼多，沒意義。」

　　他們的回答讓我很放心。終究，讀書是為了要過自己喜歡的生活，而不是別人眼中「有成就」的生活。碰得到星星時不一定要把它摘下來，如果你們知道自己喜歡的其實是花香。贏家不一定要全拿，你們也可以只拿夠用的就好了！

　　如何？知道他們沒讀昏了頭、沒被金錢洗腦，感覺很棒吧！

秋涼

　　秋天來了，也很快就會走了。珍惜啊！最近的晚上，我們都會全家去散步。吹著涼涼的晚風，全身的毛孔滿是清爽，心裡感覺乾乾淨淨的，加上和心愛的家人在一起，滿足的感覺就油然而生，只覺得幸福。

　　這樣的幸福，年輕時不曾感覺。年輕時對家很疏離，感覺到秋天時，總是一個人，蕭瑟的瀟灑多過秋熟的圓滿。感謝神！因為有了家庭，我可以有另一種感受，我深知這樣的秋涼很短，所以天天都要抓住一點，才不會徒留感嘆，如同今年五月我錯過了油桐花一般。現在都九月了，我想到還是覺得遺憾。

　　那天聽侯文詠的廣播時，他播了一首鄧麗君的歌。他說，不是每個人都能體驗時間和時間的流逝。這個時間不是在說幾點幾分，或是過了幾天，而是一個時代的感覺與消逝。有一天，他兒子問他鄧麗君是誰，他才意識到他活在一個有鄧麗君的時代，而他的兒子永遠沒有辦法和他本人一樣體驗那個時代的氛圍。我活得最精彩的時代，有美好的校園民歌，而我兒子只會唱《小草》，那還是因為學校教唱，還帶動作。但時間就是會過去，誰也強求不得。我留不住那個年代的感覺，但我可以創造一個我和先生、孩子的時代感，在每個花開的季節看花，在每個秋涼的季

節散步、聊天,在每個聖誕節時佈置門裡、門外。讓每個季節的感覺都進到心裡去吧!體驗到季節,體驗到時間在流逝,體驗自己的生命也在悸動著!

我們真的彼此分享著生活,隨著清風起、秋葉紅、星子落,我們活著!

祝福你們!

淑敏, 2007, 9月15日

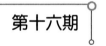

第十六期

帶著走的能力

親愛的朋友：

　　第十六期通訊出爐了。很嚴肅，也很沉重，卻是我衷心的感受，與你們分享。這是東海一聚之後我的反省，想和清中的老師們分享，也給307參考。我希望307的同學們，能懂我對你們的期待，別目眩於繽紛絢麗的大學生活，而辜負了我們這三年來的努力。如果你們的能力尚未備全，要好好地裝備自己，好嗎？

教給學生帶著走的能力

　　涼風徐徐的秋夜，我和雅馨、淑雯、惠嵐、佾旻、沛珊有約。其實我是出於私心，想從他們口中得到證實，證實在我手中形塑了三年的孩子，是否成為新鮮人中的「無印良品」。聊了兩個多小時之後，回到家，我滿腦子思緒難理，我想著這五個孩子講述他們的生活，心裡一來欣慰我已盡到老師的職責，讓307的孩子有很好的配備，讓他們很快就能適應新環境，並像一塊海綿般迫不及待地吸收新知；但又難過，我精心配備給他們的能力，在現今教育的大環境裡，是沒有被列為教學重點的。我是說，我們當下授課的內容，常著重在知識的傳授，希望給學生越多越好，讓他們在考場上可以過關斬將。但是我們所教給學生的，也就是這些以後可以丟到一邊的知識而已，像用過即丟的衛生筷一樣。

老師們是不是應該將這些學生該有的能力、視野、態度，當成是更重要的教學目標呢？

　　我問學生們，在我用心培養他們的種種能力當中，什麼能力最令他們受用無窮？結果他們異口同聲地說：時間規劃。這是我在他們進了107時第一個強調一定得學會的能力。我教他們排週末時間表，每週五最後一節上課細細叮嚀、照表操課後，每週一細細檢討，如此周而復始，一次又一次，直到他們養成放假前先做計劃的習慣為止。之後再教他們提高時間規劃的執行效率，並用心規劃時間完成想做的事，務必在假期中有K有玩。當這些都熟練了，他們已經可以收放玩樂和讀書的心，做一個有彈力十足、抗壓力十足的橡皮筋。即使在高三滿檔的時間表中，還能有時間、有心思讀課外書，並積極地放鬆與充電。

　　這樣反覆的教導，花的是我的課堂時間，沒有列入英文的教學範圍裡。為了教會這個，我課上得很趕，無法常常抽時間小考。從高一教到高三還在教，並不時驗收。

　　第二個好用的，是做報告的能力。從107開始就有很多口頭報告、分組報告、個人報告。地理課、歷史課、班會課都要報告。從107到307，沒有學生躲得過上臺報告。全班每個同學至少都有過兩次擔任幹部的經驗，面對群眾把話說清楚，在7班，是基礎能力。

　　第三好用的，是廣泛閱讀的能力。這歸功於207那年，我在班會刻意安排的讀書報告。高二上介紹一本課外書，高二下用電子簡報介紹名人傳記。同學讀課外書的風氣因而盛起。舉凡當紅的小說，班上必定有人正在閱讀，且尚待借閱的人也必定多到要排隊，讀完的人還會熱烈討論，令還沒讀的人更是興致勃勃地預約、排隊。這種風氣即使到高三仍絲毫不減。這些課外書，大大拓展了他們的高度及眼界。這也是我最引以為傲的成就。

　　第四好用的，是自制力，我特別強調這和學生思考、衡量輕重的能力最有關係。學生們異口同聲地說，大學的誘惑很多、活動很多，如果不克制，真的玩都玩不完。他們衡量課業、時間、安全，知道什們該去，什麼不該去。惠嵐念東海社工，參加的是志工性社團。他說他想不通，為什麼系上同學對這種社團沒興趣，不是念了社工，多接觸這些社團，有助於自己多了解這方面的事嗎？他不了解，其實有好些大學生是分數到了東海社工而填進了這個科系。不是每個人都像他，是經過思考興趣之後而選擇大學科系的。基準點的態度不同，學習的心態也不一樣。有人上了大學就像解了禁似的，大玩特玩；也有人一頭栽進熱愛的領域裡，享受學習的快樂。他們先是有能力判斷、思考、抉擇，之後自制力使他們的學習狀況更加穩定。大學，是享受學習的，不是享受玩樂的。找到熱愛的學習領域，讀書才會更加起勁。

　　第五，是積極解決問題的能力。雅馨念財務金融，遇見一個不怎麼樣的會計學老師。才開學第一個月，他已經去旁聽別的會計學老師的課，不讓他現有的會計學老師決定他會計學的實力。這令我想到另一個大一學生的抱怨。他的微積分被當了，大二得重修。他說老師是大刀，全班五十個人當了三十多個。老師還因為他沒有照老師的意思詳細列出每個計算步驟，而讓他期中考不及格。聽來似乎都是老師的問題，但實際上，這些問題都會回歸到學生身上，還是得靠學生自己去解決。我們的學生能不能看到這一層，進而有能力積極地去解決問題呢？

　　第六，規劃學習的方向。大學除了自身的科系之外，還有廣大的學習領域，他們是否有能力去規劃自己想學些什麼？妙卿進了登山社，現在可以跑一千六百公尺，他還計劃參加中大服的訓練。清瘦的怡安進了遙遠的東華，竟然報名柔道社，有時還練到

晚上十點多。扣掉上課的時間，他們有很多時間可以自行運用。這些時間，他們用來做什麼？會不會積極規劃學習的方向？

想想看，不是每個清中孩子進清中時都具備這些能力。清中的升學率已經達到百分之九十七，但這百分之九十七的清中學子都配備好這些能力了嗎？身為高中老師，我們所教給他們的，難道在他們跨過高中門檻後，就可以被丟在一旁了嗎？他們從老師這兒學到的，有哪些能力是可以讓他們帶著走的？教育，就是他們學過之後、忘記之後，剩下來的那個部分。孩子們上了我三年的課，上了大學，他們對我記憶漸漸褪色，褪色後殘存的，可能才是我真正影響他們的地方。

那就是我對他們的教育。

我並不是在說我有多用心或多偉大。與其抱怨這個大環境多麼分數掛帥，不如我們來找出一些可行的方法，真正給我們的學生一些可以帶走的能力。我知道鐘云會在上課時抽五到十分鐘，讓學生報告《商業週刊》或《天下雜誌》的一個主題，一來讓學生因此多接觸社會國際的脈動，二來培養學生的表達能力。保惠設計學習單，讓學生自學讀完英文小說《夏綠蒂的網》，此外，他還把社會組多出自然組的兩節英文課用來讓學生做英語報告。我寧可考卷沒考，也要抽時間告訴學生，什麼是學習的良性循環。我想，我們還有很多絕不下於知識的觀念要教，我們應該優先把這些放在課堂上，別只讓分數成為我們教學、備課的重點。

那天結束，我問學生：你們會不會因為多花時間培養這些能力而影響了課業表現嗎？不，一點也不會。反而因為花時間培養了好習慣、好能力而讓學習更加穩固。把觀念教對了，行為就會對了。我們應該比學生更清楚先後順序，引導學生的學習方向，

別被分數決定學習方向。這個秋夜之後，我更堅定我教書的路要怎麼走。學習，是希望自己的眼光更遠大、人格更完整，更能追尋自己想要的人生。帶著走的能力，才能伴隨學生一輩子，至於那些拿來墊腳的分數、填塞的知識、輿論的價值觀，應該是只是成長路上嘗了但吃不飽的小菜，我們還是好好享用主餐吧！

淑敏, 2007, 10月的秋夜

第十七期

金山寒假聚會

親愛的朋友：

過年好！這是我第十七期通訊。和你們分享！

寒假在初六上班後宣告結束。回到學校，一顆心其實還在寒風中飄搖，收不回來。一到辦公室，看到桌上的一封信，是從彰化員林寄來的，一看我就猜到，是東南三丙、綽號婆婆的學生寄的。他說他在國小教書，前年已經結婚，目前孩子三個多月大。他說他很懷念東南那三年，他常看著我在他們畢業後寄給他們的信，於是也仿效起我的作風，給他的第一屆畢業生寫信，現在他的學生都升高一了。我讀著信，心裡一陣溫暖。我很慶幸自己總是很主動地跟畢業生保持聯繫，因為我心裡清楚地知道：收穫最多的會是我。這些畢業的孩子走入各行各業，見識比我寬廣，每回聽他們分享自己的工作專業，都讓我走出保障完整但封閉狹小的教職圈，看到外面充滿競爭的世界，這是其一。其二，我們回想過往、我和學生都青澀的歲月，都驚嘆以前的自己為何如此經得起：學生那麼經得起磨，我那麼經得起給！結果，我只要願意打電話、寫信、出席聚會，我就可以得到到這麼多，我不是最大的贏家嗎？

如同往年，今年過年時，我和離開十年的金山學生相聚，因為部分學生有事，聚會分成大年初一和初三兩次，都在基隆舉行。兩次聚會都各來了七位同學，其中世暉遠從嘉義，帶著老婆、牽著兒子，老婆肚裡還有一個等著兩個多月後出生，這般不

辭辛勞地來參加，更是令我感動萬分。我想起教他的那年，我血氣方剛，有一回不知怎麼著，氣到踹他的桌子。當著他老婆的面提起這事兒時，還真不好意思，世暉卻笑笑地說，那應該是他的問題。我們想了一陣子，也沒想出那事情的起因是什麼，但這事後我們彼此抱歉的那股不好意思的情形，還真是有趣！讓我紀錄這兩場聚會的所想所得吧！

　　初一那天，淒風苦雨，看到阿秋、雲鄉、美音、惠雯、正樹、簡胖、明隆，再淒冷都值得！其中簡胖在高一被我教過一年，高二就到隔壁班去受苦受難了；而惠雯是第一次參加聚會，不知道他有什麼感覺？阿秋、雲鄉甚至在大衣下穿了高中制服來。我帶了畢業紀念冊和那兩年拍的一些照片，大家開始拼湊十年前的現場：每個人戴的眼鏡都大得像蜻蜓的複眼；那張廟前全班穿制服的合影，是美術課去素描老廟龍柱時拍的；風趣的聖雄老師和溫煦的裕凱老師，還有當著全班同學脫下假髮的秀芬老師；那年白沙灣兩天一夜的班遊，還有美音受我鼓勵，上臺參加英語歌唱比賽，大唱Take Me Home, Country Road⋯⋯這些往事歷歷在目，有好些早已塵封在記憶的角落，就快被完全拋諸腦後，而今一一被喚醒，想到我們的過去還有這麼一些插曲，就覺得很感動，慶幸我們今日能重聚一起，再像十年前一般年輕一次。

　　初三時，來了阿芳、逸婷、璁頭、錦男、宗偉、立國，及世暉攜子扶幼。向來考英文考到要「亡國」的立國，已經成了應屆當中海外歷練最多的軍官，繞了一趟美東受訓，接受十個多月的海軍船艦電腦管理訓練；錦男歷經父喪兄逝，全心照顧媽媽，現在準備考調查局；阿芳在老人安養機構工作，璁頭去看他時，見識到阿芳的超級耐心，直說阿芳很偉大；璁頭在做境外理財，逸婷剛從中國信託轉到新光人壽，兩人講起投資理財之道時，讓我

覺得自己只有小學程度;世暉在製造業,做電視的背板,生活札實安定;宗偉說的比較少,但是他說他今年研究所畢業,明年聚會時就會有就業經驗和我分享。

今年的聚會,我們有一個重大的發現:我當年教他們時,正是他們現在的年齡。錦男和阿秋都直呼不可能。他們都以為,當老師都得至少有三十多歲那麼老。可是一細數:他們是我大學畢業後第六、七年帶的學生,以二十二歲大學畢業來計算,確實沒錯啊!由此一想,他們就更能體會,為何我當年精力充沛,幾乎可以說是用「全程陪伴」的方式來帶班了!那二十七、八的年歲,沒有先生和小孩,單身一人住在有半年都灰雲濛濛的金山……除了同事,學生幾乎是我最多的陪伴。我將國中五年的經驗和熱忱全擺在他們身上,一心只希望他們可以上大學,而金山的入學成績從三百多分到五百多分都有,落差這麼大,怎麼帶起來?加上我一向跟學生「搏感情」,這一投入,真的就是我兩年的青春印記。

好笑的是,這是他們第一次讀高中,也是我第一次教高中,面對三年後的大學聯考,我們都以臺北市各高中的競爭為努力目標。我上課小考次數之多、之細、之繁複,他們也都承受下來,我們彼此都很不容易。等我來到清水高中,才發現我的考法是超乎學生所能忍受的,金山學生的耐磨也就更加難得。錦男說他高二被我磨了一年,高三就憑著這樣的基礎讀了一年,聯考就考過高標,考了七十多分。我聽了更感動。我告訴他們,我至今都一直在尋找更有趣的教學方法,現在我幾乎都用互動光碟上課,還用Youtube補充相關的課程內容,開時就開《天下雜誌》或《商業周刊》的多媒體影音來看……我說,沒有他們為我打下的基礎,我就做不到今天的教學。

　　除了了解他們的工作型態之外，我也問了他們日子過得快不快樂。令我感到很欣慰的是，我們都有一定的共識：一個人的價值不在於他的事業成就，而在於他能為多少人帶來利益與快樂。阿芳很肯定是站在第一線的，老人安養中心裡的老人有他最直接的關懷，有老人家對他說：「你對我這麼好，我死也要回來看你！」（好恐怖！）簡胖當7-11的店長，他很喜歡這種直接面對人的工作。最令我驚訝的是璁頭，他一脫高中時憨直的氣息，變成都會辦公室型男，談起旅遊經歷時充滿歷練，還認養了兩個國內的貧童，每個月固定資助他們，下一步他要認養國外的小孩。

　　我覺得我很幸福，不用等到我的公祭時學生才會回來懷念我。他們現在就在我面前，和我分享彼此之間的，或是屬於他個人的生活。我那「回頭的風景」的感覺又上來了：我好像是一扇窗，以前他們透過我看外面的世界；現在，他們成了我這扇窗可以看到的風景。我永遠都猜不到，學生會給我帶來什麼意外！他們是那麼潛力無窮，我永遠無法從他們的成績表現裡，預估他們未來會有什麼樣的發展和前景！這是多美的一件事！幸福如我，可以有幸經歷！

　　東南學生婆婆說：「我盡量不讓自己心死，不落入『「工作領薪』的心態，無可諱言，教書的熱情的確有些被抹滅了，但這個時候，拿出老師一封又一封的信……嗯，我要加油！」婆婆不知道，年年都有學生為我加油打氣，支持我、告訴我當年我為他們做的事很珍貴。婆婆現在也給學生寫信，我想，很快的，婆婆會發現，他和我一樣幸福，享有一窗豐富多彩的風景。

　　祝你們新春愉快！

　　　　　　　　　　　　　　　淑敏於2008,二月初六開學日

第十八期

當幸福來敲門

親愛的朋友：

　　這個週末發起狠來，讀了四本書，看了四部影片。週日晚上我們一家四口看《當幸福來敲門》。群岳、群芳看得心有戚戚焉，覺得怎麼會有人窮途潦倒到這樣的境地，而我則被故事帶回到青少年時期那段手頭十分拮据的日子，感慨還好幸福「有」來敲我的門，而這等幸福，是我國、高中時期根本不敢奢望的幸福。

　　電影根據真人真事改編，發生在一九八八年的舊金山。那年魔術方塊才正流行，只有一位舊金山大學的教授可以在三十分中內轉出六面同色的魔術方塊。威爾史密斯飾演一位推銷骨質疏鬆檢測器的推銷員，他一個月得賣出兩部機器，才能維持一家三口的開銷。太太琳達在洗衣部工作，常必須值夜班。他們的小孩大概五、六歲，白天上唐人街的廉價托兒所，托兒所牆上寫著的「幸福」，都誤拼成了Happyness（其實是Happiness）。托兒所收一個月一百五十美元，孩子常在看電視。威爾史密斯努力工作，但機器的銷售情形就是不好，常常一天各大醫院跑下來，花了公車錢卻賺不到半毛錢。

　　有一天，他在一家證券交易公司前面，看到一位西裝筆挺的人開著紅色敞篷車，拉風地停了下來。他笑著問他：「我只有兩個問題問你。一，你是做哪一行的？二，我怎樣才能入你這一行？」

　　那人笑了笑，說他是證券經理人，就在身後這家添惠證券公司上班。公司每年會招收二十名實習生，實習半年後，最優秀

的實習生會被錄取為正式職員。屆時，開這種跑車是指日可待的事。

他回家後，跟太太琳達說他想試試，卻被說是癡人說夢。積欠了近三個月的房租付不出來，國稅局不斷來催繳稅金，所有的煩心事都在一個錢字上打轉。後來太太決意離開，前往紐約另謀生路。此時他卻因為稅金未繳而被關入看守所一晚，隔天十點半是證券交易公司實習生的面談。他一身邋塌，九點四十五分被放出來，立即衝往證券交易公司面試。一身狼狽的樣子，全憑誠意和良好的臨場反應獲得實習的機會。

但好運並沒有站在他這邊。實習並沒有薪水可領，而他還有個孩子要養。他一邊實習還一邊賣他的骨質疏鬆檢測器。他被趕出公寓，住在汽車旅館，又再度被趕出汽車旅館，當晚睡在捷運的公廁裡。天真的兒子將頭枕在他的大腿上睡著了，廁所的門口卻響起陣陣的敲門聲，我看到威爾史密斯一滴流到腮邊的、無言、無奈的淚。

隔天下班後，他就帶著孩子去排隊，住慈善機構的臨時收容所。每一天五點整要排隊等候床位，上下班時，所有的家當就這麼提來提去，同事們問起時，還笑說他要出差、度假。窮到最沒錢時，他去醫院賣血，如此一天捱過一天。每一天都不知道能不能撐過明天。直到六個月終了，他考完試，最後上司告訴他，他被正式錄取了，威爾史密斯眼淚盈眶，強作鎮定，與上司握手致謝後，走出辦公室。人群中他抱頭激動，隨即到托兒所擁抱他的孩子。全長一百三十八分鐘的電影，幸福的時間不到兩分鐘。

電影當中有一句話很震撼人心：「我每個學期都是第一名。每當我得到第一名時，我就覺得日後我一定會成功。但是現在，我真的能追求到幸福嗎？」什麼樣的人可以追求到幸福？當師長

都告訴學生，考上好的科系、好的大學可以帶來幸福時，第一名的威爾史密斯為什麼苦追不到幸福？

到底，追求幸福需要什麼能力？

成功和上大學，像是兩個大圈圈，它們中間是不是有個交集地帶就叫做「幸福」？是不是許多人跑到聯集的地帶，還以為自己找對了地方？

我想了很久，得到了一些結論，並在課堂上，和我授課的班級分享我的心得。

第一，了解自己的能力。

了解自己擅長做什麼、熱切地想做什麼。現在是六月，現在的高二同學，在暑假過後的十月就要做校內推甄初選。我問他們：「你們想好要填什麼科系了嗎？」這個問題，我從高二上教他們時就一直提醒他們要用心思考，眼看一年就要過去了，同學是否更了解自己想要追求的方向？片中的威爾史密斯知道自己的數理能力很好，能夠在證券這一行有所發展，這對他來說是幸福的第一步。如果他對自己了解錯誤，或只追隨別人的價值判斷，不知道自己真正的價值，那麼幸福，是遙遙無期的。

但幸福沒這麼容易。

所以，得有第二項：堅持的能力。

不讓別人告訴你們：「你做不到！」許多人預測你們做不到，是因為他們自己做不到，於是也認為你們做不到。你們是不是了解自己在做什麼、並一直堅持下去？還是顧忌著別人的聲音，並且害怕一路孤獨，最後與眾人的意見妥協？你們面對著難關，是不是想找近路？還是直視難關後的成功，咬牙撐過去？有多少人會說，物理難念，但我一定要想辦法念懂？威爾史密斯擬定了新計劃，他就照著預定計劃逐一實現當中的事項，沒有帶孩

子不能洽公、沒車不能洽公、很累不能洽公的問題。堅持把計劃做完，堅持著將阻擋其中的種種障礙挪開、移除，而不是放棄。堅持，才到得了幸福的彼岸。

第三，EQ。我最敬佩威爾史密斯的是，明明窮苦潦倒，還能對孩子嬉笑，細心照顧他的起居；打了上百通被拒絕的電話，還能一通一通再撥下去；面對上司佔他便宜，他還是笑臉以對，不將自己的淒苦怪罪到別人身上，舉止十足是一位教養良好的紳士。試想成功的路上，我是否期望貴人相助？貴人憑什麼幫我而不幫別人？對自己的情緒管理和人脈建立，都是日後成功路上大大的推力，但那推力成也是成於自己，敗也敗在自己。看清現狀，選擇做對的事，無視於種種的負面情緒，這是追求幸福必備的智慧。

第四，表達能力。用真誠的態度表達決心。威爾史密斯在計程車上、在下班時公司的門口，用最短的時間內有效表達自己，為自己爭取機會。同學有沒有能力有效地表達自己？當日後在工作場合與人共事，是否能清楚表達自己的想法？假如現在話講不好，長大一點就比較會講話了嗎？沒有培養自己、訓練自己，憑著年歲漸長，表達能力就會變好嗎？同學知不知道什麼是有效表達？

之後，感觸最深的是自己為人師表的責任。這些能力是追求幸福的必備條件，我們是否曾用心協助學生培養這些能力？我們真正應該達成的教育目標裡，有多少條是我們為人師長真正編入授課重點的？教書長久下來，發現老師必須非常堅強，才能堅持把這些重要觀念教給學生。整個教學環境是不利於老師朝此方向而努力的，因為有一個更功利的目標檔在前面，它叫做升學率。教書至今，儘管我帶過各種班級，甚至是資優班，班級成不成功總在多少高標、多少國立、多少繁星上打轉；我不記得有哪位上司肯定

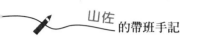

一個班，是因為班上同學人格的成熟與成長。甚至舉例得再淺白一點，我看不到有多少老師將提升同學的學習意願與熱情納入考量，設計適合的教學方式和教學評量，但我看見多數老師用盡心思地提升學生的學習成績，甚至到完全不管畢業之後，同學還會不會想多學習一些該科知識的地步。再更白話一點：我們揠苗助長，只顧著秧苗是否長到我們所要的高度，卻不管它明天會不會枯死，因為枯死不會記在我們個人的帳上，不列入教學評量當中。學生畢業之後非必要時就不再碰書本，我們師長是不是也有責任？

對不起，我不是責備，因為我知道在整個教育制度下，老師被迫大幅地與制度妥協，才能有喘息的空間。整個大環境前進的方向就是這樣，它所強調的價值就是這樣。可是，我們也並非那般無助，我們並非完全受制於教育體系之下。我真正想說的是，我非常不希望我們也成了偏失教育制度的共犯結構；相反地，我希望老師們能一起堅持下去，做該做的事、值得做的事。當主流如此偏執，我們的唯一選擇，應是成為中流砥柱，而不是隨波逐流；不然，我們會越教越茫然，最後也隨波逐流，陷入在人云亦云的價值觀裡；每天睡前，面對一天光陰的消逝，不勝空虛。

趁著一時衝動，我也寫e-mail給一位清寒學生。我寫信給他，或跟我的任教班級談這些事，都顯得有點多事。但我回想我的青澀歲月裡，若不是一路上有一些師長善意的支持和好友的相互扶持，我不認為我能擁有今日的富足。所以我積極地分享我的心得。

以下是我給寫給他的內容：

在看到幸福敲門的跡象之前，我不認為自己有可能過著幸福的生活；尤其當我發現我大哥成了經濟犯，跑路給警察追，而我必須誤導警察追捕他的方向時。高中三年，

　　我們常常搬家，一條巷子就這麼對面、臨家地搬來搬去，可以落腳的地方就是漂泊不定。我在福利社找到一份打工的工作，我得去垃圾桶裡把同學們丟掉的紙餐盒撿起來回收，一天五十元，是我所有工讀中最好賺的。我都用午休時去撿，因為不想讓同學們看到我在翻垃圾桶，還問我為什麼。

　　考上國立大學後，第一件事就是去工廠當女工。一天兩百元，我做了三十九天，薪水還不夠繳註冊費，我只好找國中老師借錢付學費。大一某天家教完，家長告知我只教到當天即可，下週不用來了。坐公車回學校宿舍時，我就哭了，哭到站在我身邊的一位女生好心地遞面紙給我擦眼淚。我知道，下個月的生活費成問題了！

　　當時的我，從不敢奢望我能擁有自己的房子、車子，甚至孩子。不過因著好勝心，我一直不服輸，想衝到人前去，證明給大家看：我也有成功的能力。現在，我不敢說是成功或幸福，但是我過著自己想要的生活，我覺得心滿意足，也過得很有意義。

　　不管我們現在的生活如何，我們都應該要有一顆勇於追求幸福的心，並且盡最大的努力去追尋。如果你現在生活得很苦、很不如意，你要有信心：有一天，你會過得比我更好。你要努力充實自己，學著成為獨當一面、為自己創造生機的人。

　　有一天，幸福會來敲你的門！

　　要加油哦！

和你們分享！

　　　　　　　　　　　　　　　　　　　　　　　淑敏, 2008, 6月2日

校稿後記

　　淑敏的世界沒有我──這些文字是我多事添上的一不吐不快！放在最後，並不算虧待，溫潤如玉的淑敏，不必抱歉！

　　兩個沒有交集的人，偶爾也會幾度相逢──

　　淑敏筆下的307，在一年級時，是我教的公民，我似乎也曾和他們一起上過淑敏的英文課。印象中，他們很活潑，很敢講話，有一、兩個白目白目的，語資班嗎？我不太能感受，只覺得淑敏似乎寵著他們⋯⋯

　　「三千寵愛在一班」──301的美莉，已經陪我讀了一年多的英文、生物和化學。那一天，幾個人「昏鬥」了半天，我好不容易弄懂了「烯的備製」，她竟然忘情地讚美：「孺子可教也！」我當場翻臉：「怎可用孺子？（對老師）」竟然忘了追問一句對「禎毅」常用的戲言──Who is your Chinese teacher？──（me！）

　　「九二一」過後，我曾邀淑敏錄製我心目中唯一的詩人──鄭愁予的幾首詩──錯誤、風雨憶、賦別⋯⋯我很訝異淑敏的聰穎，一下子就能掌握詩中的意境和人物口吻，並且聲音清朗圓潤，情感豐富有致，再加上危樓外突然傳來的「深巷犬吠」，真的是──風雨憶故人──怎麼說，淑敏都是「表現型」的人。

　　其實，我真正想說的是：每個人都有每個人的「貪」。一般人貪世俗名利，我貪知識學問，而淑敏呢？恐怕天下她最貪，她貪的是青天外的心──就如訝異於鴻智傻分分的「笑中含情」，我也訝異於淑敏的「癡中帶傻」──這麼多的情，如何抓得住？

273

而事實上，她似乎真的抓到了，並且滿心歡喜而感謝；很難想像，一度脈沉濡弱的她，如何能「精力出眾」，支付如許多情？

一面校稿，一面為她擔心，自費出書，似乎委屈了，但將來後悔的也許是沒給回音的出版社。另一方面，我也擔心，有些「情溢於辭」的「瑣碎」，或更有一些可能是「computer」的「爛」──一再重覆的字誤，掩蓋了她「多情、重義」的珠玉。下午來拿稿時，淑敏問我：「還值得參考嗎？」除了點頭，我只說了一句：「你的信寫得很ㄅㄧㄤˋ！」我雖中文系出身，一心想化中文為英文；而她，教的是英文，卻早早「覬覦」中國文學的殿堂，想當個「吟遊詩人」──希望「趕明兒」，還有機會為她校對「詩稿」──偶爾一次的相逢，也是美！

裴蕙

98/4/09

於觀音廟後的清水鰲峰半山

國家圖書館出版品預行編目

山佐的帶班手記 / 王淑敏著.--一版. --臺北市：
秀威資訊科技, 2009.06
面；　公分.--(語言文學類；PG0262)

BOD版
ISBN　978-986-221-236-3(平裝)

1.教育　2.文集

520.7　　　　　　　　　　　　　　　98008999

 語言文學類　PG0262

山佐的帶班手記

作　　　　者 / 王淑敏
發　行　　人 / 宋政坤
執 行 編 輯 / 詹靚秋
圖 文 排 版 / 郭雅雯
封 面 設 計 / 陳佩蓉
數 位 轉 譯 / 徐真玉　沈裕閔
圖 書 銷 售 / 林怡君
法 律 顧 問 / 毛國樑　律師
出 版 印 製 / 秀威資訊科技股份有限公司
　　　　　　台北市內湖區瑞光路583巷25號1樓
　　　　　　電話：02-2657-9211　傳真：02-2657-9106
　　　　　　E-mail：service@showwe.com.tw
經　　銷　　商 / 紅螞蟻圖書有限公司
　　　　　　台北市內湖區舊宗路二段121巷28、32號4樓
　　　　　　電話：02-2795-3656　傳真：02-2795-4100
　　　　　　http://www.e-redant.com

2009 年 6 月　BOD 一版
定價：330 元

・請尊重著作權・
Copyright©2009 by Showwe Information Co.,Ltd.

讀 者 回 函 卡

感謝您購買本書，為提升服務品質，煩請填寫以下問卷，收到您的寶貴意見後，我們會仔細收藏記錄並回贈紀念品，謝謝！

1. 您購買的書名：_____

2. 您從何得知本書的消息？

　　☐網路書店　☐部落格　☐資料庫搜尋　☐書訊　☐電子報　☐書店

　　☐平面媒體　☐ 朋友推薦　☐網站推薦　☐其他_____

3. 您對本書的評價：(請填代號　1.非常滿意 2.滿意 3.尚可 4.再改進)

　　封面設計____　版面編排____　內容____　文/譯筆____　價格____

4. 讀完書後您覺得：

　　☐很有收穫　☐有收穫　☐收穫不多　☐沒收穫

5. 您會推薦本書給朋友嗎？

　　☐會　☐不會，為什麼？_____

6. 其他寶貴的意見：_____

_____

_____

_____

讀者基本資料

姓名：_____　年齡：_____　性別：☐女 ☐男

聯絡電話：_____　E-mail：_____

地址：_____

學歷：☐高中(含)以下　　☐高中　☐專科學校　☐大學

　　　☐研究所(含)以上 ☐其他_____

職業：☐製造業 ☐金融業 ☐資訊業 ☐軍警 ☐傳播業 ☐自由業

　　　☐服務業 ☐公務員 ☐教職　☐學生 ☐其他_____

請貼
郵票

To：114

台北市內湖區瑞光路 583 巷 25 號 1 樓

秀威資訊科技股份有限公司　　　收

寄件人姓名：

寄件人地址：□□□

- -

(請沿線對摺寄回,謝謝!)

秀威與 BOD

BOD（Books On Demand）是數位出版的大趨勢，秀威資訊率先運用 POD 數位印刷設備來生產書籍，並提供作者全程數位出版服務，致使書籍產銷零庫存，知識傳承不絕版，目前已開闢以下書系：

一、BOD 學術著作—專業論述的閱讀延伸
二、BOD 個人著作—分享生命的心路歷程
三、BOD 旅遊著作—個人深度旅遊文學創作
四、BOD 大陸學者—大陸專業學者學術出版
五、POD 獨家經銷—數位產製的代發行書籍

BOD 秀威網路書店：www.showwe.com.tw
政府出版品網路書店：www.govbooks.com.tw

永不絕版的故事・自己寫・永不休止的音符・自己唱